甘肃特色文化普及丛书

## 甘肃特色文化普及丛书
## 编 委 会

### 主 任
陈元龙

### 副主任
崔建伟　罗　哲　席皓琳

### 委　员
严小明　宋小凤　潘维永　孟广成　郭忠庆
雍际春　王旺祥　郭俊叶　贾建威　李红霞
冯　岩　郑　颖　马智全

### 主　编
陈元龙

### 副主编
崔建伟　罗　哲　席皓琳

甘肃特色文化普及丛书

陈元龙 主编

# 羲皇故里

XI HUANG GULI

【始祖文化的肇启地】

雍际春 编著

甘肃人民出版社

图书在版编目（CIP）数据

羲皇故里：始祖文化的肇启地 / 陈元龙主编；雍际春编著. -- 兰州：甘肃人民出版社，2021.1（2023.8重印）
ISBN 978-7-226-05642-4

Ⅰ.①羲… Ⅱ.①陈… ②雍… Ⅲ.①文化史—甘肃 Ⅳ.① K294.2

中国国家版本馆CIP数据核字（2021）第010161号

策划编辑：肖林霞
责任编辑：马元晖
封面设计：马吉庆

## 羲皇故里：始祖文化的肇启地

陈元龙 主编　雍际春 编著

甘肃人民出版社出版发行

（730030 兰州市读者大道568号）

兰州银声印务有限公司印刷

开本 710毫米×1020毫米　1/16　印张 15.25　插页 2　字数 213千
2021年5月第1版　2023年8月第2次印刷
印数：1001~2 000

ISBN 978-7-226-05642-4　　定价：88.00元

# 总　序

　　甘肃位居黄河上游黄土高原西端，地处我国版图的中心向西北部作带状延伸，东西长1655公里，南北宽530公里，总面积42.59万平方公里。东邻陕西省，西连青海省与新疆维吾尔自治区，南与四川省毗邻，北与宁夏回族自治区和内蒙古自治区接壤，并与蒙古国接界。其版图形状，正如习近平总书记比喻的"好似一柄玉如意"。

　　甘肃是中华民族重要的发祥地之一，历史源远流长，文化底蕴深厚。中国首次发现的旧石器时代之遗址即在甘肃境内。华池县赵家岔村洞洞沟和河西弱水阶地旧石器的发现，证明了远在20万年前的旧石器时代，我们的祖先就劳动生息在这里的一些河谷台地上，创造着辉煌灿烂的远古文化。新时器时代，从陇东到河西，从陇南到肃北，到处都有原始先民们活动的足迹。距今7000到5000多年前的秦安县大地湾遗址所发现的殿堂式建筑群、烧制陶器的窑址、彩绘鲜丽的陶器上的刻划符号，表明这时期的先民们已创造出了令人惊叹的古代文明。1923年首先于临洮马家窑发现的马家窑文化，是我国黄河上游母系氏族文化的代表，在甘肃境内分布广泛，前后继承，反映了距今5000年到4000年前甘肃地区母系氏族社会向父系氏族社会过渡的发展阶段和先民们从事原始农业和手工业生产的情况。这些情况不仅说明以农业为主兼及畜牧、渔猎和采集的多种生存方式，已是当时社会经济的重要特色，而且出土的数量庞大、造型精美、色彩鲜艳的彩绘陶器，表现了先民们的创造智慧和高超技艺，堪称祖国的瑰宝，并使甘肃赢得了"彩陶之乡"的美誉。距今4000年前左右，甘肃境内的先民们又创造了齐家文化，这是我国黄河上游父系氏族文化的代表，因1924年首先发现于广河县齐家坪而得名，主要分布在黄河以东。当时先民们已掌握了冶炼红铜、青铜的技术。由于使用铜器，生产工具先进，有了剩余产品，便出现了商品交换和贫富分化，使先民们逐渐向阶级社会过渡。此外，在洮河谷地，还有辛甸文化、寺洼文化等遗存。在河西走廊，也发现了民勤沙井文化、山丹四坝文化、玉门火烧沟文化。这些文化遗存反映了河西先民以原始牧业和渔猎为主，由父系氏族社会向阶级社会早期发展的状况。

甘肃是人文始祖肇启之地，相传这里是伏羲、女娲和黄帝的故乡，被称为"羲轩桑梓""羲皇故里"。史籍记载，"太昊伏羲氏生于成纪"，即今秦安县北部。传其孕十二岁（十二年为一纪）而生，故命名诞生地为"成纪"。这是甘肃最早见于史籍的地名。伏羲氏"始画八卦，以通神明之德，以类万物之情，造书契以代结绳之政"。女娲乃母系氏族首领，据传是伏羲同母之女弟，也诞生于成纪（今秦安县凤尾树村）。据司马贞《三皇本纪》

记载，伏羲、女娲就是"龙的传人"的始祖。据《水经注》记载，"黄帝生于天水，在上邽城东七十里"的轩辕谷。"黄帝立为天子，十九年令行天下，闻广成子在崆峒之上，故往见之。"至今崆峒山有问道宫（黄帝问道处）、望驾山（以望黄帝驾临处）等遗址。黄帝并曾"西济积石，涉流沙，登于昆仑"。五帝中的颛顼高阳氏"西至于流沙地"（流沙，在今张掖市北，一说在敦煌）。凡此都进一步说明甘肃为华夏文明的发祥地之一。

甘肃不仅是人文始祖的故乡、周秦文化的孕育地，而且是中西文化交流交汇的必经通道和重要门户。自西汉张骞凿空西域以至唐代，这条闻名世界、横贯甘肃东西的陆上"丝绸之路"的开通，不仅使甘肃在东西文化交流上有了浓墨重彩的一笔，更为甘肃带来了无限活力，使其在民族融合进程中所形成的过渡性特点愈加突出。古代丝绸之路在甘肃大地不仅推动了中原与西域的交流，而且加快了中国与波斯、大食乃至欧洲各国各民族的文化大交流大发展，也带来了经济贸易的兴盛繁荣，以至于唐代，"自安远门以尽唐境，闾阎相望，桑麻翳野，天下称富庶者，无如陇右"。贸易往来又促进了民族之间的交往交流交融，使甘肃成为各民族大融合的桥梁和纽带。民族融合与民族文化交流促成了甘肃文化的多样性、渗透性、包容性特征。在甘肃，每个民族都以其宽阔的胸怀和开放的姿态进行情感与文化上的交流与认同。民族融合与文化交流还增强了甘肃文化的创造性与延续性。甘肃人民是富于创造活力的人民，盛传于陇原大地的伏羲与西王母的神话传说，已透露出勃勃的创造生机；近代以来在甘肃境内不断发掘出大量石器时代遗址中的劳动工具、房屋、墓葬等文化遗存，无不体现出甘肃先民们的创造精神；绚丽夺目的彩陶艺术、石窟艺术，则更是甘肃文化充满活力的重要体现。正是这种创造精神，才使甘肃文化得以薪火相传、赓续不断，丰富多彩、独具特色。甘肃古代民族中，羌、氐、戎以及党项等民族在历史发展进程中均发生了巨变，但其文化性格与品质却迄今辑存于历史典籍中，其风俗习惯至今还饱含、渗透在陇原民风中。

甘肃地域文化的鲜明风格和多元多样特征，在中国古代文明文化发展史上谱写了浓墨重彩的篇章。在华夏文化发展成为汉文化并形成汉文化圈的历史演进中，陇右文化始终伴随着汉文化的扩散传播而趋同，又因人口流动、民族迁徙、统一与分裂而趋异。陇右文化以所处地域而成就交流传播之优势，东与三秦文化唇齿相依，使汉文化得以在此流传发展演进；同时又以地处中西交通要道，西与西域文化毗邻，少数民族文化、外来文化在这里得以与中原文化碰撞、交流、融合，成为中原与周边政治、经济、文化力量伸缩进退、相互消长的中间地带，成为中原文化与周边文化、域内文化与域外文明双向交流扩散、荟萃传播的桥梁。甘肃文化成为一种独具特色的地域文化，与西域文化相比较，具有更多的中原文化特征；与三秦文化相比较，则又更多地含有少数民族文化的成分。这种过渡性特征与优势，既促进了甘肃文化自身的发展，又为三秦文化和西域文化的发展提供了充足的养分。这一切都充分说明，甘肃是中国最早接纳和走向世界文明的窗口，是古代中国、印度、希腊、伊斯兰四大文明交融的中心，是华夏文明形成过程中吸纳外来文化的蓄水池，是中国乃至世界古代文明的博览园。甘肃地区丰厚的文化资源是华夏文明肇启、繁荣、发展以及与世界文明交汇的重要见证和典型标志。自远古以至唐代，在政治、经济、文化诸方面，甘肃一直处于中国历史和华夏文明的主流之中。这不仅奠定了甘肃作为中华文明发祥地的重要历史地位，而且使甘肃成为了中华民族重要的文化资源宝库。2013年甘肃被国务院批准为华夏文明传承创新区。

在漫长的历史演进中，多种文明交流交融，不仅使甘肃成为一个多民族居住省份，而且形成了多姿多彩、内容丰富的甘肃文化，特色鲜明，亮点纷呈。甘肃被称为"石窟艺术之乡"，现存各类石窟佛寺337座，其中具有学术研究和旅游观光价值的大、中型石窟群40多座，敦煌莫高窟被誉为"人类艺术宝库",被联合国教科文组织列入世界文化遗产保护名录,天水麦积山石窟被誉为"东方雕塑馆",榆林窟、炳灵寺、天梯山、南北石窟寺等无不是华夏文明艺术最集中的体现,使得石窟艺术与宗教文化成为甘肃文化最高成就的体现,也是佛教文化含茹之下甘肃人想象力与审美体验的完美展示。甘肃也是"彩陶之乡",是我国彩陶起源最早、发展时间最长、分布范围最广、艺术成就最高的地区。甘肃还是简牍大省,现已出土简牍6万余枚,其中汉简数量居全国之首。临夏"花儿"是甘肃省第一个进入世界非物质文化遗产名录的艺术瑰宝。"道情皮影"第二个被列入世界非遗名录。在甘肃境内,秦、汉、明代古长城和城障纵横交错,累计长达4400公里,约占长城总长21196.18公里的五分之一,其中,阳关、玉门关、嘉峪关驰名中外。甘肃地处古丝绸之路的黄金地段,长达1500公里,沿线的天水、张掖、武威、敦煌四座城市被列为国家第一批公布的历史文化名城;陇东和陇东南地区分别是周人和秦人的发祥地,周王朝、秦王朝都是在甘肃奏响了向中原进军的序曲,奠定了中华民族农耕文明和政治制度的基础。

概而言之,甘肃最主要的文化类型有:始祖文化、长城文化、丝路文化、石窟文化、五凉文化、敦煌文化、简牍文化、黄河文化、红色文化等。根据甘肃文化资源的源头性、多样性、独特性、包容性等特点,甘肃文化资源可归纳为四类:一是华夏文明源头性文化,即伏羲文化、轩辕文化、西王母文化、大地湾文化、彩陶文化等;二是丝绸之路文化,主要包括长城文化、简牍文化、敦煌文化、石窟文化、五凉文化等;三是民族民俗文化,即伊斯兰教文化、藏传佛教文化、特有民族文化(东乡族、裕固族、保安族)、特色民俗文化等;四是红色文化,甘肃从东到西有不少红色文化遗址,如南梁苏维埃政府遗址、腊子口战役遗址、哈达铺会议遗址、会宁会师遗址、高台西路军纪念馆等,这些遗址赋予了甘肃丰富的红色文化资源。

甘肃丰富多彩的文化资源为打造文化品牌奠定了坚实的基础，但是，长期以来缺乏系统整理和宣传推广，或庋置于学术殿堂，或充溢于普通民众茶余饭后的谈资，或归于少数文史学者的研究领域，存在分散化、碎片化、地方化现象，文化资源没有形成文化优势，莫为外界所了解，文化影响力明显不足。2017 年，中共中央、国务院印发了《关于实施中华优秀传统文化传承发展工程的意见》，对传承发展优秀传统文化提出了一系列具体要求和方法措施。2019 年 8 月，习近平总书记考察甘肃时的重要讲话明确指出，既要深入挖掘敦煌文化和历史遗存背后蕴含的哲学思想、人文精神、价值理念、道德规范等，推动中华优秀传统文化创造性转化、创新性发展，更要揭示蕴含其中的中华民族的文化精神、文化胸怀和文化自信，为新时代坚持和发展中国特色社会主义提供精神支撑。要加强对国粹和非物质文化遗产保护的支持和扶持，加强对少数民族历史文化的研究，铸牢中华民族共同体意识。习近平总书记的讲话为我们系统整理、宣传推介甘肃文化指明了方向，坚定了信心和决心。为了深入贯彻落实习近平总书记重要讲话和中共中央、国务院意见精神，助力华夏文明传承创新区建设之急切需要，甘肃省社科联从自身职能出发，以传承发展优秀传统文化为己任，在认真调查梳理、深入挖掘研究的基础上，决定以课题委托形式组织省内专家学者编写《甘肃特色文化普及丛书》。在丛书的编写过程中，坚持先进性、传承性、可读性、普及性的原则，撷取有代表性的文化类型，共编写《羲皇故里》《简牍甘肃》《丝路甘肃》《石窟甘肃》《魅力花儿》《彩陶甘肃》《道情皮影》《红色甘肃》八部，总成系列，约 180 万字，面向省内外有重点地系统介绍甘肃特色文化，不以学术研究为首要，而以普及推广为指归，以期挖掘甘肃文化资源，打造甘肃文化品牌，彰显甘肃文化魅力，重塑甘肃文化形象，进一步引导人们了解甘肃、认识甘肃，增强文化自信和对甘肃文化的认同感和自豪感，从而激发开发甘肃、建设甘肃的积极性和创造性。

在编写过程中，各有关单位大力支持配合，各位作者在繁忙的工作之余倾力尽智、呕心沥血，历时一年有余，数易其稿，其艰辛唯有识者所知，在此表示衷心的感谢。但由于分头编写，内容各异，加之掌握资源有限，不足之处在所难免，希望读者多提宝贵意见，以资再版时修正。

《甘肃特色文化普及丛书》编委会

2020 年 12 月

# 前　言

历史是一面镜子，是人类认识自我，反思自我的重要凭借，古今社会由此交汇而相互映照。所谓前事不忘后事之师，读史使人明智的道理正在于此。文化作为人类特有的精神财富，犹如历史的年轮，为我们认识人类文明的演进提供了不竭的素材。学习、了解、研究本国本民族历史，认识、掌握和探究本国本民族文化，并将之置于人类历史和全球文明的视域中进行考察和比较分析，是我们强化国家认同、民族认同和文化认同的重要途径，也是不断树立和增强文化自信，振奋民族精神的力量源泉。

甘肃是历史文化资源大省，文明起源甚早，历史悠久辉煌，多民族交融发展，文化灿烂多姿。历史上甘肃作为中原王朝经营西北的基地和沟通中外商贸文化交流与丝绸之路的枢纽，勤劳勇敢和开放创新的甘肃先民在这块热土上书写了自己优美的华章。从新石器时代早期的大地湾文化、师赵村文化到仰韶时代的大地湾二至四期文化，从马家窑文化、齐家文化到青铜时代的辛店、寺洼、卡约、沙井文化和周秦早期文化，构成了甘肃线索清晰、类型多样、内涵丰富的远古文化。这些远古文化与我国历史系统中出自甘肃的伏羲、女娲、黄帝、西王母等人文始祖及其文化贡献交相辉映，共同证明甘肃是中华文明的重要起源地，并以农业文明成就辉煌，彩陶艺术美冠环球，率先开启青铜时代，以及在城市、文字、艺术、玉器等多方面的文明成果，为中华文明起源提供了新材料、新内容和新佐证。如此先进而发达、丰富而多样的远古文化，也是甘肃一笔丰厚而亟待弘扬和开发的文化遗产。

进入新时代的甘肃开展文化大省建设，正是建设幸福美好新甘肃，开创富民兴陇新局面不可缺少的重要一环。以始祖文化为标志的甘肃远古文化既是重要的历史遗产和文化资源，又是陇人了解自己历史，认识甘肃文化原始面貌，探知陇人社会风貌和精神特质，进而把握历史与现实省情的基础。为此，本书通过梳理甘肃远古文化发展线索，挖掘甘肃远古历史演进过程，复原甘肃远古的社会生态，揭示各民族融合发展和文化创造的历史足迹，力图系统展示早期甘肃历史文化发展的辉煌画卷。以期为提振陇人士气、振奋陇人精神、增强文化自信提供历史依据和文化养料，也为大家认识甘肃、热爱甘肃、建设甘肃、振兴甘肃和开发甘肃历史文化遗产提供服务。

# 目 录

**001　陇原大地的文明曙光**

003　一、甘肃境内的早期人类
004　1. 早期人类的文化遗存
006　2. 夏河丹尼索瓦人
009　3. 平凉人和武山人
011　二、大地湾遗址的惊人发现
011　1. 大地湾遗址的发现
013　2. 六万年人类连续活动的典型标本
014　3. 黍栽培与旱作农业的起源
016　4. 原始彩陶艺术的肇启
019　5. 刻画符号与文字的起源
023　三、甘肃远古文化的考古编年
023　1. 西山坪与师赵村遗址的发现
025　2. 西山坪早期文化遗存
027　3. 师赵村遗址与一期文化
028　4. 甘肃远古文化的年代序列

## 031　羲皇故里的文明足音

033　　一、羲皇故里胜迹多
033　　　1. 伏羲庙与人宗爷
037　　　2. 卦台山与分心（风姓）石
039　　　3. 女娲祠与古风台
042　　二、伏羲开天启鸿蒙
042　　　1. 伏羲创世开天地
044　　　2. 洪水成就兄妹婚
048　　　3. 八卦开启易文化
052　　　4. 人首蛇身龙图腾
056　　　5. 伏羲的文化贡献
064　　三、女娲补天序人伦
064　　　1. 女娲炼石补天穹
067　　　2. 抟土造人育众生
069　　　3. 俪皮为礼定嫁娶

## 073　华丽绽放的农业文明

075　　一、仰韶时代文化放异彩
075　　　1. 多彩的仰韶时代文化
079　　　2. 中国最早的宫殿建筑
084　　　3. 中国最早的原始地画
086　　　4. 中国最早的防火设施
089　　二、绚丽彩陶甲天下

| | |
|---|---|
| 089 | 1. 承前启后的石岭下和常山下层文化 |
| 093 | 2. 马家窑文化的发现与命名 |
| 096 | 3. 特色鲜明的马家窑文化 |
| 098 | 4. 美冠世界的彩陶艺术 |
| 104 | 三、农牧文化结硕果 |
| 104 | 1. 五谷齐全"多样化" |
| 107 | 2. 六畜咸备牧业兴 |
| 108 | 3. 手工作坊生产忙 |
| 112 | 4. 中西交流开新途 |
| 113 | 5. 城乡分野启文明 |

## 121　轩辕创制与华夏文明

| | |
|---|---|
| 123 | 一、炎黄奠基华夏族 |
| 123 | 1. 黄帝兴起轩辕丘 |
| 126 | 2. 炎黄结盟在阪泉 |
| 129 | 3. 涿鹿相争战蚩尤 |
| 130 | 4. 多元一体汇华夏 |
| 136 | 二、轩辕创制文明开 |
| 136 | 1. 发明创造泽华夏 |
| 137 | 2. 崆峒问道广成子 |
| 142 | 3. 问药岐伯创医学 |
| 145 | 4. 黄帝边战边学仙 |
| 149 | 三、西方昆仑圣母宫 |
| 149 | 1. 泾川回山王母宫 |

| 154 | 2. 穆天子与西王母 |
| 157 | 3. 汉武帝与回中宫 |

**163 周秦早期文化奠国基**

| 165 | 一、青铜文化耀华夏 |
| 165 | 1. 分布广泛的齐家文化 |
| 169 | 2. 青铜时代的多元考古文化 |
| 176 | 3. 引领风气的青铜铸造 |
| 178 | 4. 独具特色的玉文化 |
| 182 | 5. 遍布陇原的西戎氐羌 |
| 189 | 二、农耕文明奠国基 |
| 189 | 1. 周人兴起在陇东 |
| 194 | 2. 农耕文化孕礼乐 |
| 197 | 三、农牧并举开新篇 |
| 197 | 1. 秦人西迁入陇右 |
| 202 | 2. 非子牧马始称"秦" |
| 204 | 3. 襄公建国启霸业 |
| 206 | 4. 华戎荟萃秦文化 |
| 209 | 5. 秦戎交融谱新篇 |

**213 结语：甘肃远古文化与中华文明**

| 223 | 参考文献 |
| 227 | 后　记 |

# 陇原大地的文明曙光

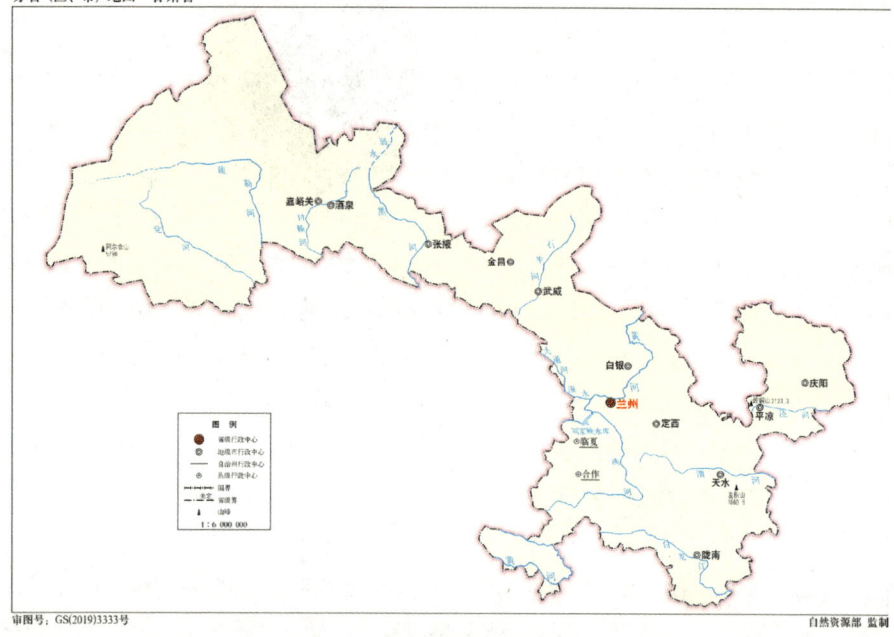

甘肃省政区图

　　在锦绣中华的大地上,有一个东西狭长、深居西北内陆、轮廓犹如玉如意的省份,她就是自然风光美丽多彩,历史悠久、文化灿烂多姿的甘肃省。

　　甘肃省自古就是人类活动和多民族交错分布区。高原、山地、河谷、沙漠、绿洲交错的地形地貌,由湿润向半湿润、半干旱和干旱过渡的气候,东部黄河流域和西部内流区域的水文条件,共同造就了甘肃差异明显、气象万千的自然环境和多元厚重、特色鲜明的人文氛围,为远古人类创造文明和发展文化提供了良好条件及多种可能性,甘肃也因此成为中华文明的重要起源地。

# 一、甘肃境内的早期人类

追溯人类的历史，可以上推到距今二三百万年前，即地质学所称的第四纪。人类在第四纪气候冷暖交替、冰期与间冰期相继转换的自然环境演化过程中，不断适应和进化，大约经历旧石器时代的直立人阶段，随着体质的进化，在距今二三十万年的旧石器中期，开始了早期智人（又称古人）阶段，从距今五万年前过渡到晚期智人（又称新人）阶段，现代人就是由晚期智人发展而来。甘肃境内在旧石器时代的三个时期都发现了人类活动的痕迹。

大约到距今一万年的第四纪的最新阶段即全新世时，地球上最后一次寒冷的冰期结束，全球气候转暖，此后虽然也出现多次气候冷暖的波动，但变化幅度不大，整体都处在相对温暖湿润的范围。特别是在距今8000—4000年之间，气候比现在明显温暖湿润，被称为"全新世大暖期"或"仰韶温暖期"。正是在这种良好的气候和环境条件下，人类告别了缓慢发展200多万年的旧石器时代，进入以磨制石器、陶器发明和农业、畜牧业出现为标志的新石器时代。经综合分析认为，仰韶温暖期年均温高于现代2~3℃，一月均温高于今天3~5℃。在最温暖的时期，亚热带北界曾达到黄河以北的华北平原，亚热带位置比现代北移5至6个纬度。① 也就是说，那时甘肃大部地区的气候类似于今天的北亚热带。正是基于这种暖湿气候的优越条件，甘肃地区新石器时代的先民们创造了堪称辉煌发达的史前文化。

## 1. 早期人类的文化遗存

1920年6月，法国天主教神甫、古生物学家桑志华在甘肃庆阳县城北约25公里的辛家沟（今属华池县）含沙质的黄土层中，发现一件石英岩质的石核，有明显的人为加工痕迹。两个月后，他又在庆阳县北35公里的赵家岔（今属华池县）的黄土底层砾石中，发现两件有人工痕迹的石英岩片。这些发现，虽然只是简单的几件石核和石片，但却意义重大，因为这是在中国境内首次发现有明确地层关系的旧石器，它表明中国和世界上其他文明起源地一样，经历过旧石器时代。② 甘肃史前考古由此开端。

特别是中华人民共和国成立后，随着考古事业的蓬勃发展，大量旧石器时代文化遗址在陇原大地相继发现，计有泾川县大岭上、南峪沟和桃山嘴，环县刘家岔、楼房子，庆阳县巨家塬，东乡县王家等遗址，以及镇原县姜家湾、寺沟口、黑土梁，泾川县牛角沟、合志沟，武山县鸳鸯镇，庄浪县双堡子、长尾沟，榆中县徒安村，夏河县甘加乡，肃北县霍勒扎德盖等文化遗存点等20余处。这些遗址分属于旧石器时代早、中、晚期，分布于甘肃东、中、西部，尤以陇东高原区发现最多。下面选取其中具有代表性的遗址做一简介。

---

① 龚高法等《历史时期我国气候带的变迁及生物分布界限的推移》，《历史地理》第五辑，上海人民出版社1997年版。

② 刘光华主编，祝中熹著《甘肃通史》第1卷，甘肃人民出版社2009年版，第35页。

（1）泾川大岭上遗址

大岭上遗址位于泾川县城东 8 公里处的太平乡梅家洼背后村，1976 年发现，是一处距今 60 万年的旧石器时代早期遗址，也是我国北方地区迄今发现旧石器时代遗址地理位置最靠西的遗址。

石器出自中更新世灰褐黄色沙质黏土夹古土壤地层中，古土壤层的存在表明当时气候处于温暖湿润的时代。石器地点分上下两层，上层出土石器 11 件，有砍砸器、小尖状器、刮削器，时代较晚。下层出土石器 23 件，有砍砸器、大尖状器、刮削器和粗制石片、石块和石核，时代较早。石器加工以锤击为主，两面加工的比例较高，尖状器是典型器物，与蓝田人、丁村人尖状器颇多相似。两个文化层石器的形制与风格，有相同点也有不同点，既有北京人的文化因素，又有蓝田人的文化成分，可见该遗址文化具有复杂性，应当是华北古人类文化相互交流传播的产物。

（2）镇原姜家湾、寺沟口遗存

姜家湾位于镇原县太平乡南塬村，1965 年文物工作者在这里采集到打制石器 39 件，还有人工痕迹的鹿角 1 件和少量脊椎动物化石。寺沟口在太平乡柳家嘴村，文物工作者采集到打制石器 9 件和脊椎动物化石。

从地层剖面和动物化石种属分析，这两个遗存同山西襄汾丁村遗址性质相近，大致属同一时代，距今约 10 万至 15 万年，属于旧石器时代中期文化遗存。

姜家湾石器有杏仁状石核、龟背状刮削器和石球等，石器的规格都较小，以刮削器和小尖状器居多。寺沟口石器中较完整的石器有白色石英岩尖状刮削器和盘状器等。两地发现的脊椎动物化石有披毛犀、蒙古野马、真马、扁角鹿、牛等。

值得注意的是姜家湾石器中有几件被专家确定为雕刻器，这类雕刻器在旧石器时代中期的北京周口店第 15 地点、辽宁喀左鸽子洞遗址、山西阳泉许家窑遗址，甚至旧石器时代早期的北京猿人遗址和贵州黔西观音洞遗址都有出土。姜家湾石器中包括雕刻器和刮削器、尖状器在内的小石器组合，与北京猿人遗址文化和上述遗址文化存在很大的共性风格，说明本时期各遗址文化并行发展又深受北京猿人的文化影响。石器中雕刻器的出现，为以后磨制石器的制造奠定了基础，可以说是磨制石器的先声。

（3）东乡王家遗址

王家遗址位于东乡族自治县锁南镇南约15公里处，1986年由甘肃省博物馆考古工作者发现。遗址剖面分为三层，中层为文化层，其底部发现打制石器、烧骨、烧土及炭屑等物。经碳14测定，距今年代为14490±150年，属于旧石器时代晚期遗址，时间略晚于山顶洞人遗址。

王家遗址虽没有正式发掘，但从石器和用火情况分析，其居民的生产生活较旧石器时代早、中期明显进步。从打制石器看，刮削器器身小而薄，制作细致，如一件被称为"小拇指状刮削器"，形如五边形，重仅2克。这件刮削器刃部规整，制作精细，与山西峙峪遗址和环县刘家岔遗址所出拇指盖状刮削器相似，加工质量则更高。

### 2. 夏河丹尼索瓦人

2020年1月21日《人民日报》刊发了记者吴月辉撰写的题为《夏河丹尼索瓦人研究入选〈科学〉杂志"2019年十大科学突破"青藏高原人类史前推12万年》的新闻报道，详细介绍了中外科学家对我省夏河县甘加乡白石崖溶洞发现距今16万年的丹尼索瓦人下颌骨化石的重要发现和研究进展。这项由中国科学院青藏高原研究所研究员陈发虎院士和兰州大学张东菊副教授领衔完成的研究成果，接连入选2019年度美国《科学》杂志十大科学突破，美国《考古学》杂志世界十大考古发现和《科学新闻》杂志十大科学新闻，在世界上引起巨大反响。

丹尼索瓦人下颌骨化石早在1980年由甘肃省夏河县甘加乡村民在白石崖溶洞发现，化石后经辗转被移交给原中科院寒冷干燥地区环境与工程研究所，从2016年起，由中国科学院青藏高原研究所、兰州大学、德国马普进化人类学研究所学者领衔、国内外多家科研院所参与的课题组对该化石开展了年代学、体质形态学等多学科的检测和综合分析。研究结果和铀系测年分析显示，该化石距今已有16万年，被确定为青藏高原的丹尼索瓦人，被命名为夏河丹尼索瓦人，简称夏河人。

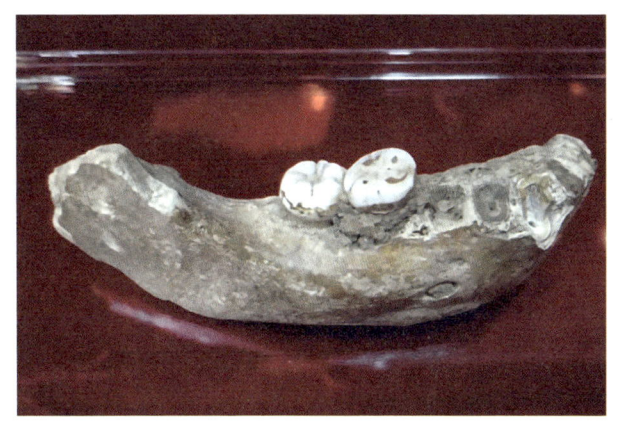

夏河丹尼索瓦人下颌骨化石

夏河人之所以被称为丹尼索瓦人，是因为这块古人类下颌骨化石与2008年首次在俄罗斯发现的"丹尼索瓦人"亲缘关系最近。丹尼索瓦人化石发现于俄罗斯西伯利亚南部阿尔泰山脉一个名叫"丹尼索瓦"的山洞里，其指骨和牙齿化石经古DNA检测，距今年代在4万年以前，为一位5~7岁女孩的骨骼，属于此前从未见过的一个"全新"人种，所以按惯例以最初发现地命名的原则，被命名为丹尼索瓦人。同理，在我国甘肃夏河发现的与之同类的古人类化石也就称之为夏河丹尼索瓦人。

夏河县地处青藏高原东缘，化石发现地海拔3280米，属于寒冷缺氧的高海拔地带。从夏河人的古蛋白质信息分析显示，该化石在遗传学上与阿尔泰山地区丹尼索瓦洞的丹尼索瓦人亲缘关系最近，这就为距今4万年生活于海拔只有700米，但体内却含有适应高寒缺氧环境基因的丹尼索瓦人的来源找到了重要线索。通过DNA检测和比对发现，丹尼索瓦人的基因广泛散布在现代亚洲人、澳大利亚土著和大洋洲的美拉尼西亚人群中。"尤其是青藏高原上的藏族人群和夏尔巴人群,丹尼索瓦人可能给他们贡献了一种名为 EPAS1 的变异等位基因。这一等位基因为其提供了适应高海拔缺氧环境的能力。"[①]夏河人虽然只发现了半个右下颌骨及两枚牙齿,但这是第二例也是迄今发现的体积最大的丹尼索瓦人化石,为丹尼索瓦人体质形态研究提供了重要证据。

据研究者介绍,夏河人右侧下颌骨化石长约 12 厘米,包括第一和第二臼齿两颗完整牙齿,主人是一个青少年个体。其下颌骨粗壮、低厚,尤其是缺少下巴颏,具有原始性,而其牙齿则更接近于现代智人。在人类三百万年的演化进程中,经历了旧石器时代早期的直立人、中期(距今二三十万年至五万年前)的早期智人(又称古人)和晚期(距今五万年前)的晚期智人(又称新人)三个阶段,现代人类即由晚期智人发展而来。夏河人属于早期智人的范围,与我国内地发现的大荔人、马坝人、长阳人和丁村人大致同期。但夏河人亦即丹尼索瓦人的发现,具有重要的独特价值。

首先,夏河丹尼索瓦人的发现,为进一步深入研究丹尼索瓦人提供了新材料。夏河人化石的发现不仅为深入理解东亚直立人、早期智人和现代智人的演化及其相互关系提供了新的视角;而且首次为丹尼索瓦人研究提供了丰富的体质形态学信息,使重建丹尼索瓦人体质形象,并与东亚早期智人化石进行体质形态对比研究成为可能。

其次,为我们提供了地球第三极青藏高原高寒区目前所知最早的人类活动证据。这一发现之前,在青藏高原发现的人类活动时间距今只有 4 万年,夏河丹尼索瓦人下颌骨化石的发现将青藏高原上的人类活动历史提前至距

---

[①] 吴月辉《夏河丹尼索瓦人研究入选〈科学〉杂志"2019 年十大科学突破"青藏高原人类史前推 12 万年》,《人民日报》2020 年 1 月 21 日。

今16万年，向前推进了12万年。"刷新了人们对青藏高原最早人类活动历史和史前人类高海拔环境适应的认识，更在人类演化史'拼图'中拼上了关键的一块。"为进一步探讨青藏高原早期人类活动历史及其对高海拔环境适应等问题提供了关键证据。① 表明丹尼索瓦人先于现代智人来到青藏高原，并在第四纪最大冰期时已成功生活在这一寒冷缺氧的高海拔区域，为进一步揭示现代藏族和夏尔巴人等高原人群的高海拔环境适应基因找到了可能的本地来源和新线索。

再次，夏河丹尼索瓦人的发现为甘肃境内的古人类分布提供了新证据。在夏河丹尼索瓦人发现之前，甘肃境内发现的最早人类化石是平凉人和武山人化石，年代都在距今4万年左右。夏河丹尼索瓦人的发现，将甘肃省人类骨骼化石发现的时间向前推进了12万年。这一发现，不仅丰富了甘肃古人类活动的材料标本，而且为探索西北地区与青藏高原之间早期人类互动提供了新证据。

近年来，科学家还多次对夏河甘加盆地进行考古调查，发现了多处旧石器考古遗址。2018年兰州大学环境考古团队联合甘肃省文物考古研究所对白石崖溶洞进行了小面积的正式考古发掘，发现丰富的石制品和动物骨骼遗存，显示古人类曾长期在该遗址生活。这些新发现对进一步揭示该区域的古人类活动发挥了重要作用。

3. 平凉人和武山人

如果说夏河丹尼索瓦人是甘肃境内发现的旧石器时代中期的人类骨骼化石的话，那发现于平凉市泾川县牛角沟的平凉人和天水市武山县鸳鸯镇

---

① 中国科学院青藏高原研究所《科学家在青藏高原发现丹尼索瓦古老型智人活动证据》，《高科技与产业化》2019年第7期。

的武山人，则属于旧石器时代晚期甘肃境内的人类化石的典型代表。

平凉人1976年发现于平凉市泾川县泾明乡白家塬村牛角沟，这里位于泾川县东35公里的泾河北岸，化石出土于马兰黄土下的灰褐色沙质黏土和红色古土壤中，出土物有打制石器，马、鹿、披毛犀、牛、中华鼢鼠等哺乳动物，而其中最主要的发现就是出土了一件人类头盖骨化石，这是甘肃境内人类头盖骨化石的首次发现。根据形状特征和测量数据判断，这是一个20岁左右女性的头盖骨，其年代距今约3万至4万年，在人类进化序列中属于晚期智人。

武山人发现于天水市武山县西北15公里的鸳鸯镇大林山，1984年地质工作者在大林山下沟中发现头盖骨化石一件，包括基本完整的额骨、顶骨和一小部分颞骨，是一位男性青年的头骨，学界称其为武山人。

经过测量和对比研究，武山人的体质形态与广西柳江人、广东马坝人较为接近。经碳14测定，其绝对年代为距今38400±500年。21世纪初，在武山人发现地还发现了一件头骨和一件肋骨化石，初步确定是一位中年女性。

此外，在平凉市庄浪县朱店镇长尾沟出土了一位六、七岁儿童的额骨化石，测定年代距今27100±600年，也属于晚期智人，比武山人要进步。

以上古人类化石的发现表明，在旧石器时代晚期，甘肃境内的古人类活动的地点不断增多。结合旧石器时代早、中期的人类活动遗址和骨骼化石的发现，可以毫不夸大地说在甘肃大地上普遍留下了古人类生活的足迹。

## 二、大地湾遗址的惊人发现

大地湾文化遗址是20世纪中国百项重大考古发现之一。它属于中国新石器时代早期的代表性遗址，也是探索前仰韶时代和仰韶时代文化渊源演进，揭示中华文明起源线索的典型遗址。而遗址内旧石器时代文化遗存的发现，表明这里是距今六万年以来一直有人类持续不断活动的典型聚落遗址，为我们了解人类由旧石器时代向新石器时代过渡，探索原始经济、文化的起源与演进，提供了不可多得的典型标本，具有重大的考古学意义和历史文化价值。

### 1. 大地湾遗址的发现

大地湾遗址位于甘肃省天水市秦安县东北的五营乡邵店村，距离天水市102公里。该遗址发现于1958年，1978年起甘肃省博物馆考古队进行系统发掘，共发掘10个区，163个探方，6条探沟，总发掘面积14752平方米。共清理发掘新石器时代房屋遗迹240座，灶址98个，灰坑和窖穴325个，墓葬65座，窑址35座及沟渠12段。累计出土器物8367件，其中，陶器4204件、石器（包括玉器）1931件、骨角牙蚌器2226件。出土兽骨

羲黄故里——始祖文化的肇启地

大地湾遗址全景远眺

17000多件。还出土了陶片数十万块。① 如此丰富的考古收获，如此众多的文物出土，表明这是一个惊人的发现，为我们了解甘肃乃至西北地区新石器时代文明提供了系统而完整的考古学实物资料。

　　经发掘和测定，大地湾新石器时代遗址共有五个文化层，也就是存在五期文化，分别为大地湾一期文化距今7800—7300年，因时间早于仰韶文化时代，故称这一时期为前仰韶时代；大地湾二至四期文化，分别与中原仰韶文化的早期（距今6500—6000年）、中期（距今5900—5500年）和晚期（距今5500—4900年）相对应；大地湾第五期文化为常山下层文化，距今4900—4800年。其中，大地湾一期文化是中国西北地区考古发现中最早的新石器文化，因最早发现于大地湾而命名为"大地湾文化"。

　　大地湾遗址新石器时代五期文化延续时间长达三千多年，若加上2004至2006年兰州大学西部环境教育部重点实验室对大地湾06探方旧石器时代5个文化层的发掘，则大地湾遗址从距今6万年以来就一直有人类活动。

---

① 甘肃省文物考古研究所《秦安大地湾亲石器时代遗址发掘报告》（上），文物出版社2006年版，第7页。

大地湾遗址作为一处规模较大、内涵丰富、文物精美、价值极高的原始文化遗存，以持续时间之长，发现文物之多，文化递进关系之完整，在我国实属罕见。它成为我国北方中华先民距今六万年以来至距今五千年之间社会进化和文化创造、文明起源的典型标本，为揭示甘肃、西北地区乃至中国原始人类及其文明起源和文化创造提供了完整标本和实物资料。

## 2. 六万年人类连续活动的典型标本

2004至2006年兰州大学西部环境教育部重点实验室对大地湾新石器时代文化遗址进行新的发掘，经对大地湾06探方的发掘，获得令人惊叹的重大发现，将大地湾遗址人类活动的时间由新石器时代距今7800年前上推到旧石器时代晚期距今6万年前，证明这里是一处6万年来一直有人类活动的大型遗址，如此持续不断地有人类活动和完整经济生活的遗址，在中国迄今发现的文化遗址中是少见的，这为我们认识原始人类生活和经济起源提供了珍贵资料。

大地湾06探方位于大地湾文物保护所院内，发掘探方长3米，宽2米，深8.5米，根据遗物分布，将探方剖面划分为7个单元，最下层的0单元是不含遗物的生土层，其余1~6单元由下而上、从早到晚都有人类活动遗物分布，为我们了解大地湾从6万年以来人类连续不断的活动及其原始经济起源演化的完

大地湾06探方发掘现场

整过程，提供了典型标本。

在探方 6 个文化层中，第一至第三层距今 6 万至 2 万年，在这一漫长时期，大地湾人使用的工具只有石英打制技术打制的石制品，表明在这个漫长时期，大地湾人的生活完全是原始的采集狩猎方式。在距今 2 万至 1.3 万年的探方第四层，已出现少量的细石器制品，说明大地湾人已掌握了细石器制作技术，人们的生活有了明显进步，进入了先进的采集狩猎经济阶段。在距今 1.3 万至 0.7 万年的第五层中，不仅细石器制品大量出现，而且发现了陶片，大地湾人开始进入早期栽培经济阶段，他们不仅能够制造陶器，而且食物已经以谷类为主，这是人类有意识栽培、收割、储存谷类植物的直接反映。[①] 在距今 0.7 至 0.5 万年的第六层，不仅出土大量陶器和彩陶，而且发现碳化黍、油菜籽和粟等作物标本，以及储藏粮食的窖穴等。这标志着仰韶时代前后大地湾人已由早期栽培经济进入了成熟农业经济阶段，并得到快速发展。

不难发现，大地湾人在 6 万年间经历了由旧石器时代向新石器时代过渡，由采集经济向农业经济迈进的完整过程，而且，这一过程的步伐不断加快。所以，大地湾遗址 06 探方的发掘，为我们认识人类由原始的采集狩猎经济到先进采集狩猎经济，再向早期栽培经济和成熟农业经济演进发展的全过程，提供了完整资料和系统的年代序列，为探索人类文明起源提供了典型素材。

### 3. 黍栽培与旱作农业的起源

黍，又称糜子，在中国是被最早驯化并用于耕作的重要农作物之一。

---

① 张东菊、陈发虎等《甘肃大地湾遗址距今 6 万年来考古记录和旱作农业起源》，《科学通报》2010 年第 55 卷第 10 期，第 887~894 页。

糜子（黍）与黄米

　　黍为一年生草本植物，一般株高 0.3 至 1.3 米，穗呈散花状，籽实类似谷子，带壳，加工取壳后称黄米，也可面食。黍具有生长期短、耐旱、耐瘠薄的优势，所以，北方地区特别是山区曾长期广泛种植，但产量不高，加工不方便。黍又叫糜子，在我国的种植期为阳历五月下旬或六月上旬，一般在中秋节前后成熟。糜子的适应能力强，在我国西北、华北、西南、东北、华南以及华东等地山区均有分布和种植。世界上在亚洲、欧洲、美洲、非洲等温暖地区也有分布。

　　当代随着高产作物和农业科技的发展，糜子的种植已大为减少甚至弃种。但黍与粟自先秦以来曾是我国北方人民长期的主粮作物，故黍与粟均为五谷之一。直到魏晋开始小麦成为主粮之后，黍与粟才失去原有的地位而降为杂粮。由此说来，在中国农作物种植史上，到目前为止，黍与粟作为主粮作物的历史比小麦还长，其重要性不言而喻。而黍最早被驯化为农作物，从目前材料可知是由大地湾人完成的。这一驯化进程大约在距今 7000 年前已经完成，我们从大地湾新石器时代各文化层出土的农作物标本可以清楚地了解这一过程。

　　据同位素研究，大地湾一期人们的食物为全年食用谷类植物，该期文化遗存分布在清水河谷二级阶地上，在编号 H398 的灰坑中，考古工作者发现了少量炭化的黍和油菜籽粒。①在大地湾二期编号H379的灰坑中也发现粮食籽粒,农作物仍以黍为主,但出现了少量的粟。表明作物种植比一期更加普遍。经大地湾第三期进入四期,在袋状窖穴H219中发现储藏的粮食以粟为主,而且这种储藏粮食的窖穴越来越多。②作物标本数量的增加和黍与粟主次地位的变化,正是大地湾人农业经济不断进步的表现,标志着进入仰韶时代大地湾人已由早期栽培经济进入了成熟农业经济阶段,并得到快速发展。大地湾一期距今年代为7800—7300年,也就是说早在八千年前,大地湾人已经开始驯化黍作物,并在一期完成了驯化,这在中国发现的黍标本中是最早的,也是大地湾人对中国原始农业的巨大贡献,标志着甘肃地区是中国原始农业的重要起源地。

原始农业的兴起是人类在经历长期的原始采集狩猎经济、先进采集狩猎经济方式,随着认识和掌握植物生长规律而驯化栽培部分植物获得成功的产物,是原始文明达到一定高度的结果,原始农业的兴起和发展,极大地推动了人类的文明和进步。农业生产又是一个系统工程,涉及水、热、土等自然条件,也和人类定居、生产工具、生活工具和社会组织等人文条件密切相关。因此,早期农业的发展,开启了人们迈向文明时代的历史征程。

4. 原始彩陶艺术的肇启

陶器的发明是人类先祖从石器时代向青铜时代过渡阶段最早创造发明的生活、生产用具,是人类远古文化史上划时代的创造,它是一切古文明

---

① 甘肃省文物考古研究所《秦安大地湾新石器时代遗址发掘报告》,文物出版社2006年版(上),第60页。

② 《秦安大地湾新石器时代遗址发掘报告》,文物出版社2006年版(上),第704页。

在曙光初露时必经的途径，也是人类第一次按照自己意志创造发明的崭新器物和艺术创造，它开启了人类文明的第一缕曙光。

随着新石器时代的到来，中国先民和其他古文明大致同时

大地湾一期钵形鼎

发明了陶器。陶器的制作与人类定居生活、农业生产相联系。在大地湾一期文化层中，就发现了陶器，其中，既有陶制工具如纺轮、陶锉和陶拍等，更多的则钵、碗、罐、壶、瓮、小杯等陶器。这些陶器类别不多，器型简单，多为在模具外敷泥贴片成形，小陶器则直接用手捏制，均为夹砂灰褐陶和红褐陶，陶色不均，火候较低致使陶胎未烧透，纹饰以绳纹为主，也有附加堆纹、压印纹、刻画纹等，这都体现出陶器制作尚带有原始的痕迹。

大地湾一期文化陶器虽然还比较简单粗糙，但陶器一经出现，大地湾人就把这种生活用器和非凡的艺术创造结合起来，发明了彩陶。在大地湾一期文化陶器中，约三分之一的陶器绘有简朴的纹饰，多见于圜底钵、三足钵、圈足碗等器物的口沿内外两侧。彩纹为一条暗红色或紫红色的宽带，简称红色宽带彩，它犹如一道赤色彩带镶嵌于器口，美观而大方，协调又庄重。

彩陶是人类最早将图案与器物造型结合的原始艺术，大地湾彩陶的发现对于中华文明起源的探寻具有重大意义。最早关注和研究中国彩陶的瑞典人安特生，曾认为中国彩陶是从西亚传入的，由此又引出"中国文化西

大地湾二期猪面纹细颈彩陶壶

来说"。但是，此后特别是新中国成立以后，以彩陶为标志的仰韶文化遗址的大量发现，以无可辩驳的事实证明中国文化并非西来。而大地湾一期文化距今八千年前中国最早的彩陶的发现，使中国彩陶本土起源得到确认。大地湾遗址的发掘者郎树德指出：

大地湾彩陶与世界上最早出现彩陶的两河流域及中亚地区在时间上几乎是同步的，争论多年的中国彩陶起源问题终于有了肯定的答案，所得证据有力地表明了中国彩陶起源于我国西北地区的渭河流域。①

他又说："彩陶在我国最早是生长在泾渭流域的黄土之中。"② 彩陶艺术经大地湾一期奠基之后，进入大地湾二至四期（距今6500—4900年），陶器制作与彩陶艺术同步快速发展并臻于成熟。陶器制作技术已开始使用慢轮修整，进而出现轮制技术；陶器制作从原料选择、器型塑造到火候掌握、器型修整和纹饰绘制均趋于成熟；陶器类别有饮食器、炊煮器、盛水器、储藏器等类别，而且每类器物又有多种器具；纹饰有绳纹、线纹、戳印纹、刻画纹、蓝纹、布纹、席纹、附加堆纹、镂空纹和彩绘，其中绳纹最常见。

---

① 郎树德、贾建威《彩陶》，敦煌文艺出版社2004年版，第53页。
② 郎树德《甘肃史前考古十年》，《西北史地》1989年第4期。

就彩陶的进步而论，不仅彩陶比例在陶器中越来越大，而且形式多样，色彩以黑色为主，还有紫红色和深褐色，少量的红色等；色彩多饰于器沿和上腹部，纹样有圆点纹、斜线纹、回旋勾连纹、叠弧纹、凸弧纹、三角纹、网格纹、波折纹、弧边三角纹等，以几何图案为主，也有动植物象形纹，如鱼纹、蛙纹、鸟纹、猪面纹、兽面纹、花瓣纹、豆荚纹等；彩绘线条以曲线为主，构图多变，布局精巧，线条流畅，极具观赏性。一些动物纹饰如鱼纹等由写实向抽象的几何纹演变，这是艺术源于生活又高于生活的生动体现。

彩陶融优美造型、绚丽色彩、精美图案于一炉，汇物质创造、精神追求、审美表达于一体，它开启了中华先民器物制造与艺术创造的先河。大地湾一期彩陶是中国和世界上发现最早的彩陶，这是大地湾人对人类文明的又一大贡献，甘肃也由此成为彩陶艺术的故乡。

从大地湾一期文化即新石器时代早期彩陶的出现，到与仰韶时代同期的大地湾二至四期彩陶艺术快速发展并日趋完善，这一演化的完整进程成为中国彩陶早期发展的典型代表，也为此后彩陶艺术走向繁荣奠定了基础。

5. 刻画符号与文字的起源

文字是记录语言的书面符号和交流信息的工具。文字的产生使人类脱离了野蛮和蒙昧，是人类进入文明社会的重要标志，是精神文明的重大成果。有了文字，使人类的语言突破了空间和时间的局限，人类的一切文明成就和文化、科技知识由此既可以得以保留和传承，也可以相互交流和传播。文字出现后，一些与之相关的文化艺术门类也随之诞生，极大丰富了精神文明的宝库。文字的发明还对人类思维和智慧的提升具有重要的促进作用，成为推动人类不断文明进化的重要元素。

中国文字的发明有一个漫长过程，其最早源头可以追溯到新石器时代

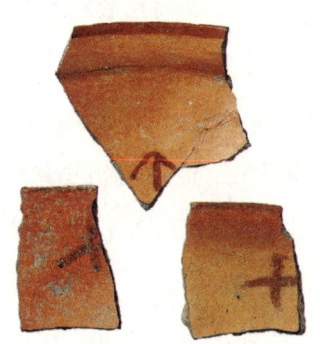

大地湾遗址彩陶刻画符号残片及二期刻画符号

的陶符文字。在大地湾一期文化时期不仅出现了彩陶，而且也同时在陶器上出现了彩绘和刻画符号，这是大地湾文化遗存又一项具有重大意义的考古发现，这些符号可能就是中国文字最早的雏形。

在大地湾一期文化层出土的绘有彩绘符号的陶片共23片，主要用红彩绘在一些陶钵、陶盆的内壁，符号种类有13种。这些符号一部分是用折线、曲线构成的类似植物的符号，另一部分是以直线构成的符号。[①] 在大地湾第二期文化层发现有刻画符号的陶片32片,刻有不同的符号16种。[②] 这些符号有的是对一期符号的承袭，更多的则是新增加的符号，它们大多刻画在陶钵口沿外侧的黑色宽带上，少数刻画于陶钵底部或其他部位，大都是在烧制之前刻画在陶坯上。这样的刻画符号在大地湾遗址此后的各期文化中继续存在和得到更广泛的使用，在大地湾遗址附近的王家阴洼遗址中也同样有刻画符号的使用。说明那些刻画符号绝不是大地湾人无意识的随便刻画，而是具有特点含义的一种有意识的信息表达。

---

① 甘肃省文物考古研究所《秦安大地湾新石器时代遗址发掘报告》(上)，文物出版社2006年版，第48页。

② 同上，第176页。

据统计，在大地湾各期文化层发现的彩绘和刻画符号共计36个。这些符号与西安半坡的部分符号一致，也与马家窑文化马家窑类型和马厂类型符号有部分相同。[①] 无疑西安半坡、马家窑、马厂等地出土的刻划符号，是8000年前大地湾刻划符号的继承和发展。截至目前在我国发现的新石器时代遗址中，已有数十处遗址都存在刻画符号，说明这些符号的存在和使用，是新石器时代的普遍现象，具有某些特殊的含义。

陶器符号也是人类远古时代共有的现象，如在西亚等地的古文化遗址中就有大量的发现。学术界对其功能和意义的解释就有陶工符号、工场标记、顾客标记、容量标记、内容标记、生产陶器的个体家庭标记、数字、具有魔力的符号、死者的名字等九种之多。国外欧美学者对于陶器符号与文字的关系的研究，概括起来认为陶器符号具有四个特点，一是辨认标记，二是具有助记功能，三是不直接表达语言，四是它们是导致文字起源的因素之一。[②] 中外学者对陶器符号的研究尽管意见不一，但都承认这些符号都是具有意义的，而任何有意义的符号一定是可读的。

所以，不论这些符号是以表意为主的文字体系，还是以表音为主的文字体系，"陶器符号的功能和性质有些像现代文字体系（不论是以表意为主的文字体系，还是以表音为主的文字体系）中的'＋''－''×''÷'或'＄''§'这样的符号。谁也不知道在字典中为它们标上什么样的音，但任何一个具有一定文化程度的人都能用自己的母语把它读出来，也知道它的含义。……陶器符号在功能方面，特别是在符号和语言的关系方面，

---

① 陈福来《彝文揭开8000年前甘肃大地湾刻划符号的神秘面纱》，彝新网2019年06月30日。

② 拱玉书《陶器刻画符号在文字起源中的作用——以西亚地区为例》，《古代文明》第5卷，文物出版社2006年版。

对文字的起源产生了重要影响。如果说它们不是文字，至少可以说它们是文字的先行者。"①因此，在我国距今 8000 年以来长达三四千年之久的新石器时代普遍存在的陶器符号，无疑是我们探寻中国文字起源最重要的实物资料。

  文字、城市、金属工具的出现是举世公认的一个文明产生的标志。我国学者郭沫若谈到西安半坡彩陶刻划符号时指出，"肯定地说就是中国文字的起源，或者中国原始文字的孑遗。"②于省吾认为"这是文字起源阶段所产生的一些简单的文字。"③李孝定更进一步认为"半坡文是已知的最早的中国文字，与甲骨文同一系统。"这些学者的研究已明确表明，这些刻划符号就是文字，我们不能因为我们目前还不能识读它就忽略或者否认其价值。

---

① 拱玉书《陶器刻画符号在文字起源中的作用——以西亚地区为例》，《古代文明》第 5 卷，文物出版社 2006 年版。

② 郭沫若《古代文字之辨证发展》，《考古学报》1972 年第 1 期。

③ 于省吾《关于古文字研究的若干问题》，《文物》1973 年第 2 期。

## 三、甘肃远古文化的考古编年

在甘肃境内,早于仰韶时代而属于新石器早期文化的遗址,即前仰韶时代文化遗址除了大地湾遗址一期文化以外,还有渭河流域天水市的西山坪遗址和师赵村遗址,武山县西汉坪遗址,西汉水流域西和县的宁家庄遗址,礼县的赵坪遗址和盐关遗址,嘉陵江流域徽县的柳林遗址等。其中,经过系统发掘的前仰韶时代早期阶段(距今8000—7300年)的是西山坪遗址一期遗存,属于前仰韶时代晚期阶段(距今7200年)的是西山坪二期和师赵村一期遗存。这两个遗址中前仰韶时代文化层的发现,对揭示仰韶文化渊源,提供了重要线索。而西山坪、师赵村其他各期文化遗存,又为建立甘肃省远古文化完整的考古编年和文化序列提供了重要依据。

### 1. 西山坪与师赵村遗址的发现

藉河是渭河的一条支流,这条在渭河水系中并不起眼的河流,却在天水远古文明的孕育和历史发展中扮演了重要角色,它不仅是中国历史文化名城天水市的母亲河,而且也是沟通内外的交通要道。从天水市出发,向西逆流而上,在距市区不远的藉河南、北两岸就分别坐落着两处我国著名的新石器时代文化遗址,即师赵村和西山坪遗址。

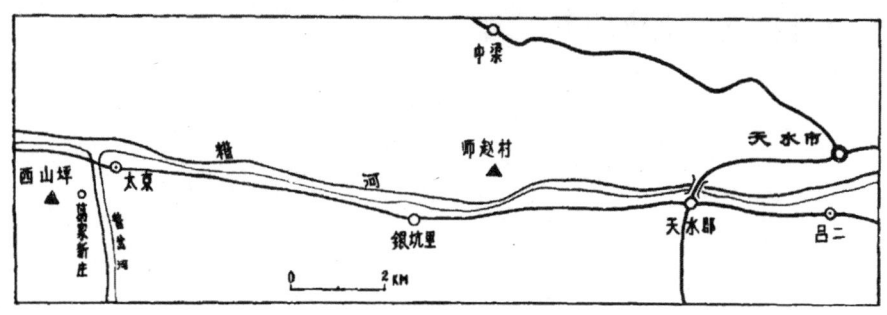

师赵村、西山坪遗址位置示意图

西山坪遗址位于天水市秦州区西15公里的太京乡甸子村葛家新庄，遗址在村西渭河支流藉河南岸与普岔河交汇处的西侧台地，遗址范围约20万平方米。1947年我国考古学家裴文中进行考古调查时发现了这一遗址。中国社科院考古研究所从1986年对该遗址进行发掘以来，已清理房屋3座，窖穴22个，墓葬4座，以及一批不同时期的文化遗物。该遗址人类持续活动时间超过四千年（距今8200—3900年），共有七期文化。这些重要发现和其所蕴含的文明成就，为我们认识新石器时代当地远古社会进化和文化创造，提供了重要素材和线索。

师赵村遗址位于天水市西7公里藉河北岸太京乡的师家崖和赵家崖两个村北部的梯形台地上，遗址面积20万平方米。师赵村遗址于1956年甘肃省文物管理委员会进行考古普查时发现，1981年中国社科院考古所开始发掘，经8年时间13次发掘，共出土房址36座，窖穴50个，陶窑6座，祭祀遗迹2座，墓葬19座，出土生产、生活用具、装饰品及其他遗物1600余件。经整理测定，师赵村遗址是一处有八期文化，人类持续活动时间长达4000年以上的重要遗址。它和西山坪遗址一道，共同提供了揭示新石器时代早、中、晚期人类活动和文化创造完整演进过程的第一手资料。

西山坪与师赵村遗址的发现意义重大。这两处遗址不仅以文化层厚、遗迹多、遗物丰富、文化内涵复杂多样而著称，而且还包括了从新石器时代早期到青铜时代各文化类型的宝贵资料,这在西北地区考古发掘中尚属首次;它不仅成为了解甘肃地区渭河上游史前文化完整的面貌重要素材,也使建立甘肃地区史前文化从早到晚完整的文化发展序列成为可能。

2. 西山坪早期文化遗存

在西山坪文化遗址七期文化层中,属于新石器时代早期即前仰韶时代的文化层是第一、二期文化层。

西山坪一期文化层在西山坪遗址北部发掘区。在一期文化层中出土了窖穴和遗物48件。主要有石器、骨器等生产工具,陶器等生活用具,还有圆陶片、刻纹骨板等装饰品等。陶器分夹砂红褐陶和灰褐陶两种。陶器均为手制,胎壁较厚,主要有碗、钵、罐等陶器类型。器物除少量素面外,均以拍印的交错绳纹为主。有少量彩陶,均为红色,在圜底钵口沿内外饰

西山坪遗址外景

有宽带彩，个别陶器外表有简单刻画符号，呈曲折线形。

西山坪二期的陶器皆为夹砂陶，分灰褐陶和红褐陶两个陶系，数量较多，器表颜色不纯，内壁多为灰黑色。外表装饰以斜的和垂直的细绳纹为主，有时在绳纹上加饰平行划纹。全部陶器均为手制，器壁较薄。有些器形整体与一期基本接近，只是足部及外表装饰有些区别。主要器形有鹅蛋形三足罐、筒形三足罐、平底钵、圈足碗等。石器有磨盘、石杵、石凿等，制作水平比一期有了很大提高，磨制光滑，形制十分规整。骨器有鹿角器等。

西山坪一、二期文化的考古年代，经碳14测定分别为距今8200—7400年和7300—6900年。说明这两个文化层都早于仰韶时代，属于新石器时代早期两个前后相继的阶段，其中，西山坪一期与大地湾一期文化同时，西山坪二期早于仰韶时代文化。

西山坪一、二期文化作为新石器时代早期的文化遗存，具有多方面的独特价值，首先是西山坪一期文化年代与大地湾一期属于同一文化类型，经对出土陶器的比较，"二者各自的器物群相当一致，制作技术、装饰风格也采用相同的手法，说明二者属于同类遗存。"① 所以，西山坪一期文化也被以大地湾一期文化相称。其次，西山坪一、二期文化层相互叠压，一期在下，二期在上，而且两者的陶器不仅在制法、质地、色泽上相同，而且器形、纹饰也颇多相似，说明二期文化是对一期文化的继承，这就从地层上解决了两者的相对年代，即大地湾一期早于西山坪二期，使大地湾一期文化的发展去向也得以确认。再次，在大地湾遗址一、二期文化层间，存在数百年时间的文化缺环，西山坪二期文化的存在和叠压于一层之上，正好补上了大地湾遗址一、二期之间的缺环，使渭河上游地区史前文化的发

---

① 张立刚《试论大地湾、西山坪、师赵村遗址下层文化的相互关系》，《福建文博》2015年第4期。

展序列得以完整。

西山坪遗址二至八期文化层与师赵村一至七期文化层时间同期，文化内涵和面貌相同，所以发掘者将两个遗址的这七个文化层均以师赵村一至七期文化命名。它们对于揭示甘肃省远古文化发展线索具有极其重要的价值。

3. 师赵村遗址与一期文化

在西山坪遗址以东8公里，也就是天水市西7公里藉河北岸的师赵村遗址，在其七期文化中最早的第一期文化，据碳14测年距今年代为7300—6900年，与西山坪二期文化同期。

师赵村一期文化发现窖穴1个，生产与生活用具24件。其中，生产工具有石斧、刀和加工粮食的研磨器等；生活用具主要是陶器，陶器质料分夹砂红褐陶、夹砂灰褐陶、泥质红陶、泥质灰陶四种。陶器表面颜色有杂色斑块，内壁则多为灰黑色。陶器均为手制，泥质陶多为泥条盘筑法制成。夹砂陶纹饰以绳纹为主，绳纹排列为以斜纹和垂直纹为主；泥质陶以素面为主。陶器主要为钵、碗、杯、罐、瓮等。在部分陶钵外壁近口部饰红彩一周，俗称"红顶钵"，也有外壁饰红色陶衣的陶钵。

师赵村一期文化与西山坪二期文化同期，也即晚于大地湾一期文化。从师赵村一期文化石制工具斧、铲、刀和粮食加工工具研磨器，以及陶器的质地、色泽、制法，均与大地湾一期、西山坪一期文化器具没有太大差别，只在陶器纹饰和器形上差异明显。因此，学术界确认它是大地湾一期文化的继承与发展。

由于师赵村遗址一至七期文化是一个史前各类型文化在四千年间相继发展、传承有序的新石器时代重要遗存，所以，师赵村一期文化的发现具有重要学术意义。一是它填补了渭河上游古文化发展序列中的一个重要空

2019年师赵村遗址发掘现场

白,明确了师赵村一期文化是大地湾一期文化的继承和发展。二是它与仰韶文化半坡类型存在密切关系,但其年代又早于半坡类型。因此,师赵村一期文化对探讨仰韶文化半坡类型的渊源,提供了重要线索。人们经地层、年代、标型学等方面分析,认为师赵村一期文化是产生仰韶文化半坡类型的一个源头。①

### 4. 甘肃远古文化的年代序列

如果我们把甘肃境内渭河上游相距不远,人类连续不断活动时间持续长,文化类型多样,内涵丰富、文化层相互衔接的大地湾、西山坪、师赵村三个文化遗址及其文化相互对应整合的话,一幅甘肃省或渭河上游地区完整的史前文化年代框架和文化发展序列,就会清晰地显现出来。

按大地湾遗址五期文化(距今7800—4800年),西山坪遗址七期文化(距今8200—3900年)和师赵村遗址八期文化(距今7300—3000年)各文化类型相互对应,其关系为大地湾一期与西山坪一期文化属于前仰韶时代早期文化,统称大地湾一期文化;西山坪二期与师赵村一期文化为前仰韶时代晚期文化,统称师赵村一期文化。大地湾二至四期、师赵村二、三期

---

① 中国社会科学院考古研究所《师赵村与西山坪》,中国大百科全书出版社1999年版,第309页。

文化是与中原仰韶文化的早、中、晚期同期的文化。大地湾五期文化被称为常山下层文化，它直接发展为齐家文化，师赵村四期文化为石岭下文化，属于仰韶文化向马家窑文化的过渡类型。师赵村五、六期文化为马家窑文化马家窑类型和半山类型文化。师赵村七期文化属于齐家文化。以这一系列文化类型为线索，结合甘肃境内各地古遗址的同类型文化，加以归类整合，甘肃史前文化传承演进的线索和类型序列，就清晰地显示出来。甘肃史前文化的演化线索和文化发展序列具体为：

大地湾一期文化→师赵村一期文化→仰韶时代文化→马家窑文化→齐家文化。

其中，大地湾一期和师赵村一期文化，代表了甘肃地区新石器早期也就是前仰韶时代的文化，是探究中华文明起源线索的重要凭据；与中原仰韶时代文化同期的大地湾二至四期文化，属于新石器时代中期文化，为揭示原始文明的孕育和路径提供了重要素材；马家窑文化和齐家文化属于新石器时代晚期文化，为中华文明的形成提供了重要佐证。

我们循着甘肃史前文化这一演进轨迹和文化序列，一幅甘肃先民穷究天地、认识自然、创造文化、开创文明的恢宏画卷就会展现在我们面前。甘肃先民所创造的以类型多样而传承有序，内涵丰富而特色鲜明为特征的甘肃史前文化，既是多元一体中华文明的重要组成部分，又以其标志性文明成就突出、拓展性文明因素富集、始祖文化资源丰厚，为中华文明的起源和形成，提供了重要佐证和补充。

本书就是以甘肃史前文化发展序列为经，以历史进程和文化类型为专题，为大家全面了解甘肃远古文化的发展，系统把握甘肃远古文明的辉煌成就，准确认识甘肃始祖文化与中华文明的关系，提供必要的服务。

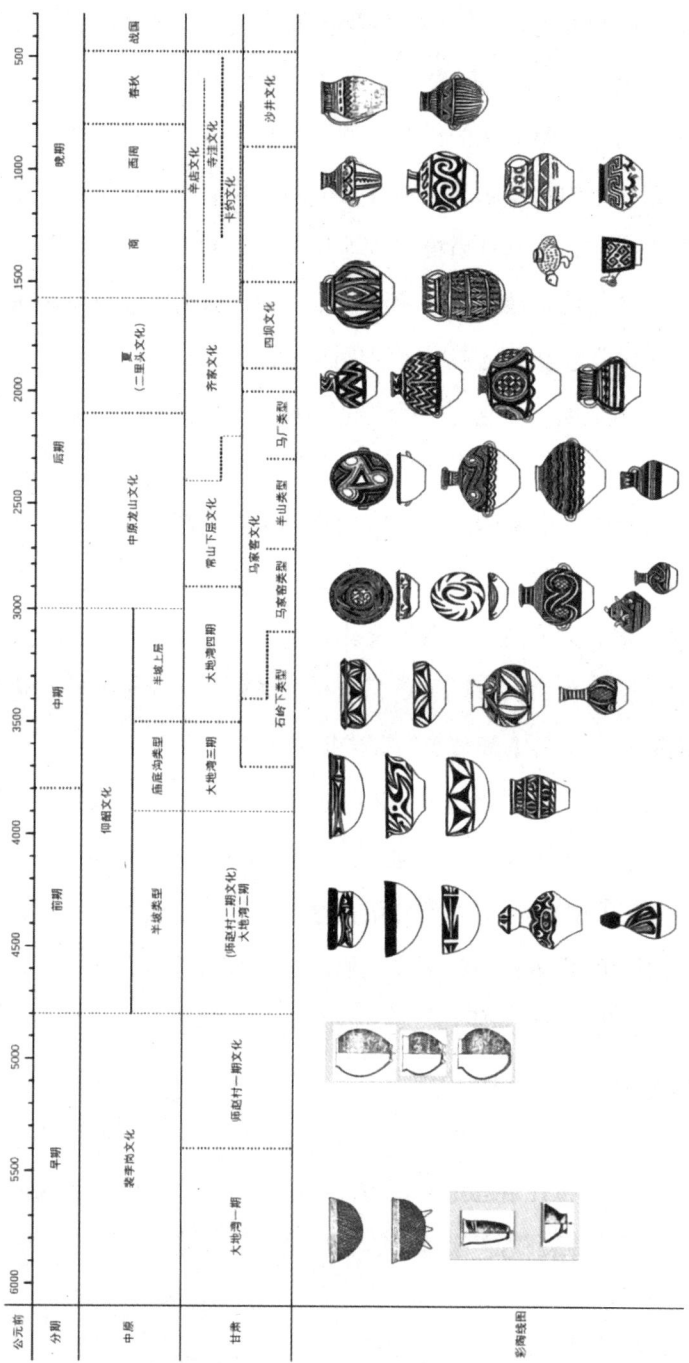

甘肃与中原远古文化年代序列参照图

羲皇故里的文明足音

上古神话传说是原始时代人类社会生活真实历程的自然流露，也是人类"童年"关于自己历史及周围世界的最初认知，更是人类最原始心理体验、心理需要的曲折反映。在这虚实真假混杂的神话传说世界中，散布着古代人类文化生成、科学发现、发明创造、悟性思维的历历足迹。它往往成为一个民族早期的百科全书和原始文化的活水源头，凝聚着民族文化命运的种种积淀。在中国神话故事和古史传说中那些神人合一的三皇五帝，以及附丽于他们身上的种种故事传说、离奇身世、传奇经历和发明创造，正是中华先民由鸿蒙迈向文明之际真实历史通过千百年来口耳相传和神话包装的产物，只要我们透过神话传说的虚妄面纱，就会找到中华先民早期文明创造的历史线索和真实面貌。

陇原大地不仅发现了大量远古时代中华先民开创文明的考古材料和文化遗存，而且在古史传说中代表中华先民的三皇五帝等古圣先王也大多出自甘肃，如伏羲、女娲、黄帝、西王母等。考古发现和古史传说交相印证，甘肃是中华文明重要的发祥地，那些古圣先王的文明创造，构成了源远流长的始祖文化。而始祖文化的开篇即由创世英雄伏羲、女娲的传说拉开。

# 一、羲皇故里胜迹多

渭河上游天水地区不仅发现了甘肃新石器时代早期的文化遗存大地湾、西山坪和师赵村遗址,揭开了甘肃原始文明起步的序幕,而且,这里也是我国古史传说中素有"三皇之首""百王之先"之称的中华人文始祖伏羲的故乡。伏羲庙、卦台山、女娲祠、大地湾,这些与伏羲、女娲兄妹生活和文化创造相关的人文胜迹、文化遗存,交相印证了甘肃是中华文明重要的孕育地。

### 1. 伏羲庙与人宗爷

根据先秦以来有关文献记载,伏羲在我国古史体系中,是一位继燧人氏而王,带领先民进入渔猎时代、并为开创文明做出划时代贡献的古圣先王,素有"三皇之首""百王之先"的崇高地位。如《帝王世纪》记载:"太昊帝庖牺氏,风姓也。母曰华胥,燧人之世,有巨人迹,出于雷泽。华胥以足履之有娠,生伏牺。长于成纪。蛇身人首,有圣德,燧人氏后,庖牺氏代之,继天而王,首德于木。百王为先"。《拾遗记》又说华胥有孕后,"历十二年而生庖牺"。伏羲之母华胥氏怀孕12年而生伏羲于成纪,所以,古人就以12年为一纪,伏羲生地成纪即由此而来。古成纪就是今天甘肃

天水市伏羲庙正门牌坊

省天水市秦安县及周围一带,今天水市宋元时亦称成纪,且有全国最大的祭祀伏羲的伏羲庙。所以,天水地区也是广义的成纪,历来有"羲皇故里"之称。

伏羲庙坐落于今天水市区西关伏羲路北,这里原为明清时期秦州城的西关城,因建有专门祭祀人文始祖伏羲的伏羲庙,故又名伏羲城。

伏羲庙本名太昊宫,修建于明成化十九至二十年(1483—1484年),前后历经九次重修扩建,形成目前国内规模最大的伏羲祭祀建筑群。清光绪年间面积最大时达13000平方米,现存面积6600平方米。庙内古建筑有戏楼、牌坊、大门、仪门、先天殿、太极殿、钟楼、鼓楼、来鹤亭等10座,新建筑有朝房、碑廊、展览厅等,近年来伏羲庙又进行了大规模整修,增建了伏羲学院、天水历史博物馆等。整个建筑群坐北朝南,四进四院,牌坊、大门、仪门、先天殿、太极殿沿中轴线依次排列,朝房、碑廊、钟楼、鼓楼分列左右。建筑群规整有序，庄严雄伟，特别是在按 64 卦位栽植的古柏掩映和老槐的衬托下，更显幽雅深邃。

在伏羲庙建筑群中，先天殿和太极殿是主体建筑。先天殿位于中院北边，屡经修葺，现存先天殿面阔 7 间 26.4 米，进深 5 间 14.05 米。大殿建于宽阔的露台之上，高大庄重，重檐歇山顶，顶部衬以龙纹脊和雕花天宫宝刹，更显高贵典雅。大殿门窗雕刻盘龙、团凤、仙鹤、麋鹿等吉祥物图案，饰以牡丹、艾叶、松枝等，古朴斑驳，典雅华美。殿内伏羲塑像高达 3 米，端坐龛内，身着蓑衣树叶，手托八卦，浓眉大眼，目光如炬，颇具神圣之象。殿内左右两侧分别为河图洛书石盘和龙马雕像。大殿顶棚正中藻井绘饰河图和伏羲先天八卦，井口天花分绘 64 卦卦象图。大殿内东西两壁为新绘表现伏羲各项发明创造的壁画。

先天殿之北的第三院的主建筑为太极殿。太极殿又称退殿、寝殿、寝宫，显然是"前朝后寝"的传统定制。太极殿面阔 5 间 17.7 米，进深 3 间 9.38 米，单檐歇山顶。大殿正面左右两窗为龙凤呈祥木雕，艺术价值极高。殿内正中为伏羲塑像，略小于先天殿伏羲塑像。

从明成化二十年（1484 年）伏羲庙代替卦台山伏羲庙成为官祭伏羲的主要场所后，每年仲春、仲秋的上丙日，即二月三日和八月三日进行官方祭祀。相传正月十六日为伏羲诞辰，民祭伏羲在这一天举行。

改革开放以来，从 1988 年龙年起，天水市人民政府开始举办伏羲祭典活动，此后一年一度的伏羲文化旅游节，成为天水市乃至甘肃对外交流的重要文化品牌。2005 年，甘肃省委、省政府将公祭伏羲大典提升为省级规格，确定每年 6 月 22 日举行。2006 年，太昊伏羲祭典荣列国务院公布的首批国家级非物质文化遗产名录。自 2013 年开始，公祭伏羲大典由国务院港澳事务办公室、国务院台湾事务办公室、中华全国归国华侨联合会和甘肃省人民政府共同主办，天水市人民政府承办。2014 年，海峡两岸开

伏羲庙先天殿

始共祭中华人文始祖伏羲，典礼分别在天水和台北同时举行。

公祭伏羲大典暨天水伏羲文化旅游节相继被有关机构授予"中国最具发展潜力十大节庆"和"最具国际影响力"节庆活动，天水也被评为"最具魅力节庆城市"，成为甘肃省独具特色的重要文化品牌，成为宣传天水、推介天水的一张非常重要的文化名片，对于弘扬伏羲文化、传承中华文明、推动华夏文明传承创新区建设，提升甘肃形象，具有十分重要的意义。如今伏羲庙已成为海内外华人寻根祭祖的圣地。

伏羲庙天水民间又称人宗庙，称伏羲为人宗爷。天水市一带为伏羲的诞生地，有大量与伏羲相关的古迹名胜，如在天水市北15公里渭河南岸的伏羲画卦的卦台山，山下渭河中的分心（风姓）石，附近的龙马洞，今秦安县、静宁县古称成纪，为伏羲生地。其县得名，按晋人王嘉《拾遗记》解释，伏羲之母华胥氏孕伏羲十二年始生，故以十二年为一纪，故名成纪。

甘谷县也有古风台和太昊宫。按《水经注》记载,今西和县仇池山亦为"太昊之治,伏羲生处。"总之,天水一带不仅有众多与伏羲相关的古迹名胜,也有与伏羲时代同时的新石器时代文化遗址,如大地湾、西山坪和师赵村遗址等,并有与伏羲龙图腾相关的陶器出土。尽管还有伏羲生地淮阳说(河南淮阳)、太湖说(江苏吴县以西的太湖)、菏泽说(山东菏泽县)等不同说法,但从文献记载和考古发现综合分析,当以伏羲生于成纪最具说服力。

## 2. 卦台山与分心(风姓)石

卦台山相传是伏羲仰观天文,俯察地理,始画八卦的地方。卦台山位于天水市北15公里的三阳川西北端,现辖于麦积区渭南镇。

在三阳川渭河南岸山脚处,卦台山犹如一条巨龙由南向北拔地升腾而起,伸向渭河谷地,山上古柏掩映,翠拥庙阁,山下渭水环流,钟灵毓秀。登临卦台山顶,渭河谷地南北两列山峰峦对峙,卦台山若九龙环抱,气象不凡。俯瞰三阳川,可以清楚地看到,古老的渭河从西向东经卦台山顶托弯曲成一个"S"形,把三阳川盆地一分为二,形成了一个天然的太极图,大自然鬼斧神工之妙,于此可见。

卦台山海拔1363米,相对高度170米,三面陡峭,一面平缓,山顶呈台状,宽敞平整,四周有城堡残墙。明胡缵宗《卦台记》说:"成纪(指今天水城)之北三十里,曰三阳川,其西北隅有台焉,羲皇画卦处也。"并解释"三阳"说:"朝阳启明,其台光莹;太阳中天,其台宣朗;夕阳返照,其台腾射。"这可能是受"三阳开泰"启发的渲染,也可能是作者亲临山上仔细观察品味的感悟。台湾中华六经学术研究会张渊量会长先期考察了全国的山川地理,又用当时最先进的仪器对卦台山及周围的山形水势进行了仔细的勘查测量和研究之后,盛赞三阳川是"太极无双地",卦台山为"华夏第一山"。

| 羲黄故里——始祖文化的肇启地 |

卦台山远眺

　　卦台山曾发现仰韶文化时期的石器、彩陶等，其周边也有仰韶文化遗存，说明在伏羲生活的时代，这里就是人类生活繁衍之地。卦台山隋代时称白鹿山，天水高僧伏生在此修建寺院禅修。宋代名下蜗牛堡，据《太平寰宇记》记载，北宋设有三阳寨，辖下蜗牛堡等14堡。光绪《秦州直隶州新志》明确说：三阳川"宋三阳寨当在其地。其所领上蜗牛堡不可考，下蜗牛堡在白鹿山上。"宋金并立时，金章宗（1190—1208年）曾令全国有三皇事迹的州县修建相关祠庙，于是，金明昌年间（1190—1196年），秦州遂在此创建伏羲庙。此后经元、明、清、民国时期多次兴废重修和扩建，成形由午门、牌坊（2座）、先天殿、钟楼、鼓楼、朝房、戏楼等设施齐全的祭祀建筑群。一度曾还有财神庙、灵官庙、土地庙等建筑。卦台山伏羲庙在秦州伏羲庙修建前，官祭和民祭伏羲一直在这里举行，数百年香火不断。改革开放以来，荒废多年的卦台山伏羲庙渐次恢复，被列为文物保护单位。1981年2月15日卦台山庙会民间祭祀恢复，至今一直成为民间祭祀伏羲的又一重要场所。随着寻根祭祖、文化旅游和易学研究的兴起，卦台山越来越受到人们的关注。

卦台山附近还有分心石和龙马洞等遗存。分心石故址在卦台山东北渭河中，今已不存。据《秦州直隶州新志》记载，州"北30里有八卦台，台之北，环以渭者颓然。对山有龙马洞。台之东北，当渭中流，有石焉，人称分心石。其石中虚外实，形如太极炉，与水浮沉，水纵，大石若随之燃者。"这块中虚外实、形似太极炉的分心石，高出水面有3米有余，因其立于渭河正中，水流至此，分流而过，故称分心石。因伏羲风姓，故后人常又称其为风姓石。清代时，曾在石上建有六角小亭一座，1939年被洪水冲毁。1958年，附近村民开采白云石，将其炸毁。昔日秦州八景之"渭水秋声"景致，遂不复存在。

龙马洞位于卦台山西北1.5公里的余家峡口渭北龙马山半山腰，洞高3米，宽4米，深7米。洞内有石槽、石床残迹。泉水淙淙，清凉幽静，每当阴雨天，洞口时有雾气涌出，令人称奇。相传此洞为龙马负图之处，伏羲受此图启发，发明了八卦。

### 3. 女娲祠与古风台

史载伏羲、女娲生于古成纪，即今天水市秦安县及周围地区。历史上成纪县治曾有三迁，成纪县初置于秦，汉代时治地治平，当在今静宁县治平乡刘河村附近，人称"治平成纪"。此后成纪县治显亲川，即今秦安县叶堡川，习称"显亲成纪"。唐开元二十二年秦州大地震，秦州治所上邽城毁，州治移置于此。北宋初，成纪县随秦州治所回归原址而置于今天水市，即"秦州成纪"，历宋元至明初，其名告废。可见广义的成纪约当今天水地区，狭义的成纪为今秦安县。

今秦安县东的陇城镇，素有"娲皇故里"之称。这里曾长期是州郡治所，西汉街泉县、东汉以来略阳县、北魏陇城县治所均在此地，汉魏以后这里亦曾是广魏郡、略阳郡、文州的治地。三国时魏蜀街亭之战即发生在这里。

秦安县陇城镇女娲祠正殿

据《水经注》记载,在显亲峡石宕水所出之北山上有女娲祠。① 石宕水约在今安伏乡一带,距离陇城镇不远。今女娲祠建于陇城古城南门处。现存女娲祠重建于1989年,为一四合院式建筑,坐北朝南,由门楼进入院内,院北为主建筑娲皇宫,高大雄伟,雕梁画栋,殿内塑有女娲像。院东为甘霖寺、五圣宫和钟楼,院西为文昌宫和鼓楼。女娲祠外是女娲祠广场和古略阳戏台。每年农历正月十五和三月十五日,为祭祀女娲的庙会日,规模盛大。

在秦安特别是陇城一带民间一直有女娲"生于风沟,长于风台,葬于风莹"的传说。陇城至今还保存有娲皇、龙泉、凤尾等村名以及用女娲"风"姓命名的"风沟""风莹""风台"等地名。秦安县北的玉钟峡,还有伏羲、女娲图腾形象遗迹的"白蛇碥"等遗存。女娲祠所在的陇城地区与著名的大地湾遗址同在清水河谷地,且距离仅10公里,历史文化积淀深厚。

---

① 郦道元《水经注》卷十七《渭水》,杭州大学出版社1999年版,第316页。

据《陇城志》介绍，风沟又名风谷，南北走向，长约 3.5 公里，谷口在陇城镇东南 1 公里处。风沟沟壑幽深，树木葱郁，溪流潺潺，风景宜人。沟内半山崖有女娲洞，相传为女娲出生和生活过的地方，也是后世人们祭祀女娲，祈求子嗣繁盛和生殖崇拜的地方。又有女娲潭（湫），为一 2 米见方小水潭，潭水旱涝不减，相传饮潭水能治百病，故又称"神水潭"。

风台在陇城镇有南北两处，南风台在镇南 4 公里，这里地势西面陡峭，东面宽阔。北风台在陇城镇北山，故称龙泉山，山顶平坦开阔，有形似烽火台的大土墩，与南风台隔清水河相望。

风茔在镇南 5 公里南小河上游石山峡谷处，谷中有一馒头状石峰传为女娲坟。这里奇峰秀岭对峙，树木郁郁葱葱，溪流清澈见底，夹岸野花盛开，景色优美。谷中有座名叫石窖窝的山，传为贮藏的是女娲五色补天石。山上有铁门槛、烟囱眼、红石潭、石炕等遗迹。20 世纪 90 年代前后人们炸山取石，上述遗址均已不存。

## 二、伏羲开天启鸿蒙

伏羲、女娲作为中华创世英雄和人文始祖，民间流传着众多关于他们的传说故事，如感生神话、洪水故事、葫芦神话、兄妹成婚、抟土造人、龙图腾与龙文化、龙蛇禁忌、八卦符号与各项创造发明等。如以伏羲、女娲故事为例，有人从民间搜集的汉民族230例兄妹婚神话中，发现婚姻对象"兄"或"弟"是伏羲的有62个，"妹"或"姐"为女娲的有42个，其中"兄妹"是伏羲和女娲的有38个。在少数民族同类型神话中，"兄弟"是伏羲的有22个，"兄妹"为伏羲、女娲者有4个。[①] 这充分反映了伏羲、女娲兄妹婚神话的广泛性，也从一个侧面体现了伏羲、女娲事迹在民间文化与民俗文化中的持久性影响。

### 1. 伏羲创世开天地

所谓创世神话就是指关于天地开辟、人类和万物起源的神话。它是人类幼年时期对自然、宇宙所做的幼稚的解释和描述，反映了原始人类对天

---

[①] 杨利慧《伏羲、女娲兄妹婚神话的粘连与复合》，《北京师范大学学报》1997年第6期。

地宇宙和人类由来的原始观念。中国古代的创世神话，以盘古故事最为著名，但最早、最原始的当是伏羲创世故事。

1942年在长沙东郊王家祖山出土的约为战国中晚期之交的楚墓中，出土的帛书甲篇，① 不仅记载了伏羲、女娲事迹，而且这篇帛书内容为中国迄今所见先秦传世文献和出土文献中最系统、最明确的创世神话。这件帛书原文的内容大意是说在天地还没有形成，世界处于混沌状态之时，先有伏羲、女娲二神，他们结为夫妇，生了四个儿子。这四个儿子后来成为代表四时的四神。四神开辟了天地，是因为他们懂得阴阳参化法则的缘故。由禹与契来管理大地，制定历法，使星辰升落有序，山陵畅通，并使山陵与江海之间阴阳通气。当时还没有日月，由四神轮流代表四时，四神的老大叫青干，老二叫朱四单，老三叫白大橪，老四叫墨干。

天水市伏羲庙先天殿伏羲塑像

一千数百年后，帝俊生出日月。从此九州太平，山陵安靖。四神还造了天盖，使它旋转，并用五色木的精华加固天盖。炎帝派祝融以四神奠定三天四极，人们敬事九天，求得太平，不敢蔑视天神，帝俊于是制定日月的运行规则。

后来共工制定十干、闰月，历法更为准确，规范日月四时，一日分为霄、

---

① 湖南省博物馆《长沙子弹库战国木椁墓》，《文物》1974年第2期。

朝、昼、夕。①

在这篇我们可以看到的中国先秦时代唯一完整的创世神话里，它记载了伏羲、女娲、禹、契、帝俊、炎帝、祝融、共工等传说人物。其中，伏羲、女娲先天地而存在，结为夫妇，生四子而开天辟地、通九州、安山陵、协阴阳，制定日月（自然）运行规则和历法。这是典型的创世神话，说明伏羲、女娲是中华民族共同的创世英雄。

## 2. 洪水成就兄妹婚

世界各古老民族都有洪水故事，内容大同小异，实际是那个时代在气候变化引发洪水或干旱等自然灾害面前，人类应对灾害和灾后求生，顽强生存的一种曲折反映。下面选取伏羲女娲洪水故事作为例证。

相传天和地是由弟弟雷公和哥哥高比分别负责治理。哥哥高比管地上，带领大众种植五谷，豢养六畜，拿斋饭供养天神；弟弟雷公管天上，带领天上的神打雷下雨，给地上带来好处。一开始，兄弟能够和睦相处，人民也能安居乐业。

高比有一双儿女，儿子叫伏羲，女儿叫女娲。伏羲和女娲十分讨人喜欢，一家人生活得很快乐。随着生活生产能力的增强，人类开始不敬奉天神雷公。一天，有户人家竟然把狗头当猪头供奉雷公。雷公大怒，整整六个月不下雨，人们去求高比帮忙，高比偷来雨水，滋润土地。雷公很生气，就想用火雷劈死高比，却被高比用鸡罩活捉了。这种鸡罩用藤条或竹篾子做材料，编制方法内含六爻八卦，十天干，十二地支，二十八星宿，六十四卦，三百八十四爻，真是奇妙无比。高比捉到雷公后，把他关进笼子里，到了

---

① 董楚平《中国上古创世神话钩沉——楚帛书甲篇解读兼谈中国神话的若干问题》，《中国社会科学》2000 年第 5 期。

第二天，他到集市上买香料，准备把雷公腌了当菜吃，临走，他嘱咐儿女，"记着，千万不要给他水喝"。

高比走后，雷公做出十分痛苦的样子讨水喝，水的数量由一碗变成一口，伏羲和女娲还是不同意。最后雷公说"那么请去把涮锅水给几滴也好，我快渴死了！"伏羲和女娲犹豫片刻，决定用涮锅的涮把蘸几滴涮锅水，给雷公喝。

雷公喝了水，非常高兴，一用劲，就听轰隆一声巨响，雷公撞破笼子飞了出来。伏羲和女娲吓呆了，不知如何是好。雷公拔了一颗牙齿，交给他俩说："快拿去种在土里，如果遭了灾难，你们就藏在长出的果实里去，可以保你们平安！"说完。雷公就升天而去。

高比买了调味品回家，发现雷公逃脱，不禁失声道"大祸到了"。于是他打造了一艘大船，以防灾难从天而降。伏羲和女娲依照雷公的吩咐，种下了雷公的牙齿，奇怪的是牙齿不仅发芽了，而且长得很快，到中午就长出了叶子，傍晚开花结果，第二天，果子长成了一个大葫芦，伏羲和女娲用锯子锯开葫芦，掏出了里面的葫芦籽，不大不小，葫芦瓢正好容得下他们俩。

第三天，风云突变，飞沙走石，暴雨从天而降。一时山洪暴发，洪水淹没了平原、丘陵。高比钻进了大船，伏羲和女娲却钻进了葫芦。洪水越涨越高，高比驾着大船，一直到达天门。他用手敲天门，敲门声响彻天空，天神害怕了，急忙喝令水神退水，顷刻间，雨止风停，洪水一落千丈，大地露了出来。高比的大船从天空跌落在地上，摔得粉碎，高比也被摔死了。

葫芦落在了昆仑山上。昆仑山，即现在甘肃东南部的西秦岭山区。伏羲和女娲从葫芦里出来，埋藏了父亲，两人相依为命一起生活。大地经历了这次洪水，人类被消灭了，伏羲和女娲不仅幸免一死，而且凭借辛勤劳动生存了下来，日子过得无忧无虑。

时光荏苒，转眼间伏羲和女娲都长大成人。他们开始感到很孤独，因为再没有其他人跟他俩说话，并且如果他俩死了后，世上就没有了人，那么，这么美好的世界让谁看呢？于是伏羲提出和女娲结婚，繁衍人类，但妹妹却不同意，说"我们是亲兄妹，怎么可以结婚呢？"伏羲说："如果我们不结婚，世上就不会再有人类了。"女娲一想也有道理，但是还想再看一看天意如何，就商量向上天占卜。

占卜共进行了三次，第一次伏羲和女娲在南北山上各点一堆火，如果升在空中的烟绞合在一起，就可以结婚。火着起来后，烟便绞在了一起。第二次伏羲和女娲在南北两山往河谷滚石磨盘，约定如果磨盘滚到河谷后两块贴合了，就表示可以结婚。结果，两人分别滚下的磨盘也贴合了。第三次占卜更像现在的考验。妹妹提出一个问题，说：我在前面跑，你在后面追，如果追到我，咱俩就结婚，如果追不到就不能结婚。于是伏羲和女娲绕树跑了起来。妹妹机灵敏捷，伏羲追了好久总追不到。但伏羲智慧过人，他追着追着，猛不防把身一转，气喘吁吁的妹妹就一头撞进哥哥的怀里，再也挣脱不了。于是伏羲和女娲就结婚了。

伏羲和女娲成亲不久，女娲就生下了一个血红的肉球。夫妇俩觉得好奇，便拿刀子把肉球切成细小的碎块，把它包起来，带上天梯去玩。刚到半空，一阵大风吹来，把肉末吹得雪片似的飞向大地。更令夫妻俩惊讶的是这些肉末落到地上都便成了人，

兰州市黄河边华夏人文始祖园伏羲女娲主题雕塑

落到什么地方,便以那地方事物的名称为姓氏。就这样,世界上又有了人类。

伏羲、女娲兄妹成婚既有多种民间传说,也有多种版本的文献记载。唐代李冗的《独异志》有比较完整的以烟为媒兄妹成婚的记载:

昔宇宙初开之时,只有女娲兄妹二人,在昆仑山,而天下未有人民,议以为夫妻,又自羞耻。兄即与妹上昆仑山,咒曰:天若遣我兄妹二人为夫妻,而烟悉合;若不,使烟散,于烟即合,其妹即来就兄,乃结草为扇,以障其面。今时人取妇执扇,象其事也。

伏羲女娲兄妹成婚的传说,保留在湖南瑶山古歌的叙述,尤为有趣:

妹打主意难哥哥,各一爬上一高坡。
对山烧火火烟绞,两烟相绞把亲合。
两股火烟相绞了,妹妹还是不愿合。

妹想合亲急出火,出点主意逗哥哥。
隔河梳头隔河拜,头发绞合亲也合。
哥哥下水就过河,哥上一坡妹一坡。
隔河梳头隔河拜,哥妹头发绞成坨。
头发成坨妹又变,看哥硬石几经磨。

隔河种竹隔河拜,竹尾相交把亲合。
哥也拜来妹也拜,两根竹尾绞成坨。
哥哥你莫欢喜早,我的主意有蛮多。

对门石岭对过坡，各把磨石滚下坡。

两扇磨石叠合起，磨石相合人也合。

妹妹对山滚石磨，果然磨石叠合了。

两扇磨石合拢了，看妹主意有好多？

磨石合了我不合，围着大树绕圈捉。

若是哥哥追着我，妹拉哥哥把亲合。

在传世文献典籍中，明确记载伏羲、女娲兄妹成婚的传说，虽然直到唐代才出现，但早在汉代甚至战国时代即已流行，并有确凿证据。一是现已发现的大量汉代画像石（砖），多有伏羲、女娲蛇身人首的交尾形象。而且此类形象的画像石（砖）在我国各地均有大量发现。二是前引战国楚墓帛书中关于伏羲女娲二神婚配生子的考古学资料。三是早在商代已有伏羲、女娲交尾图出土，张光直认为："安阳西北冈殷王大墓出土木雕中有一个交蛇的图案，似乎是东周楚墓交蛇雕像与汉武梁祠伏羲女娲交尾像的前身"。① 因此，伏羲、女娲兄妹成婚繁衍人类的始祖神话，并非出自唐代或汉代，而是早在与伏羲、女娲事迹的出现几乎同时的战国时期即已存在了。

### 3. 八卦开启易文化

伏羲的文化贡献之一是造书契、画八卦。史载伏羲长期通过仰观天文，俯察地理，旁观飞禽走兽的斑纹足迹，受到启发，获得灵感，进而结合自己人生感悟和部族治理经验加以总结、提炼和概括，于是发明了八卦。八卦的创立，是以伏羲为代表的中华先民在生产实践中，经过长期仰观俯察

---

① 张光直《中国青铜时代》，三联书店1983年出版，第226~227页。

和旁及近身事物，对变幻无穷的大千世界变化规律初步认识的基础上，加以总结和概括而形成的。它是中华先民告别结绳记事时代，走向文明的开端。

八卦符号的基本结构由阴、阳二爻组成，体现了自然界最基本的两种物质——天、地的对立与阴阳关系，由此推衍组合出代表天、地、雷、风、水、火、山、

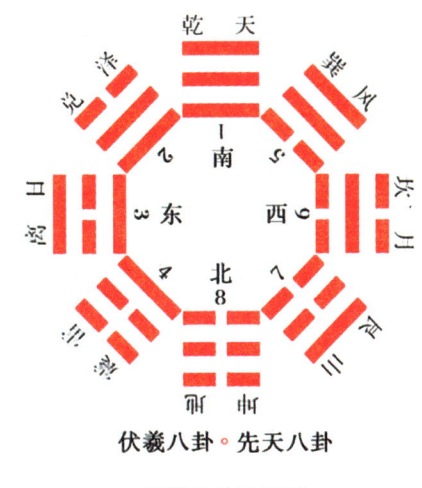

伏羲八卦示意图

泽等八种符号。它们既对立又统一，相互作用又互相影响，变化无穷。标志着尚无文字的我国上古先民进行抽象思维的新成就，体现出先民们逻辑演绎能力和辩证思维能力已达到相当丰富的地步。八卦符号成为他们穷究天地和解释宇宙万物变化的万能钥匙。

用现代信息科学的观点分析，八卦符号具有丰富的象征意义和多层内涵。将其推而广之，可以组成含义异常广泛的信息码组：如乾卦象天，也可以为日、阳、男、朝廷、君主、君子、刚健等信息符号；坤卦象地，也可以作为月、阴、女、黎民、臣仆、小人、柔弱的信息符号，其余类推。这样每种卦象都可以在一定的定义域内，作为事物、状态、情绪、意愿的信息编码，它既有内涵的规定性，又有外延的模糊性，这正是八卦奥秘与魅力的基本所在。八卦又是先民们凭借卦象进行占筮以预知吉凶的手段，因而又同计数有关。若把卦爻"——"译作"1"，把"— —"译作"0"，则八卦正好是一个三位二进制码组的集合；把阴阳二爻作为数字则最接近自然数，其所组成的复合信息传递效率就必定很高。据英国科学史家李约瑟考证，十八世纪初德国数学家莱布尼茨发明二进位制时，曾受到耶稣会

士带给他的两张《易图》的启迪。八卦包含着丰富的数学内涵,上古巫史们从这些看似简单的卦象中,推衍、阐发大千世界林林总总的事物,从无捉襟见肘的窘迫之感,道理正在于此。

由伏羲时代的八卦占卜发展到《周易》,巫术占筮几乎是无所不包的文化活动。相传占筮之法有三种,一是连山,二是归藏,三是周易。《帝王世纪》称:"庖牺氏作八卦,神农重之为六十四卦,黄帝、尧、舜引而伸之,分为二易。至夏人因炎帝曰连山,殷人因黄帝曰归藏,文王广六十四卦,著七八九六之爻,谓之周易"。这表明自八卦兴盛起来的占筮活动不仅受到夏、商、周三代的重视,而且扩展为三种占筮体系。连山、归藏二法今已失传,只有《周易》一种流传至今。周文王据八卦而推演成周易,将八卦两两相叠,就形成六十四卦,共三百八十四爻。实际上《周易》是后人在八卦基础上,经巫史们对大量筮辞的筛选、整理、编排和加工而形成的。并经孔子重新整理,后被儒家列为经书,构成了中国传统文化中"正统"文化的重要组成部分。

由八卦而六十四卦、三百八十四爻,这不仅是一种由易到繁,由粗而细的符号演绎,它反映了古人思维能力的极大进步,对自然认识的空前深化和视野的扩展。周人使用八卦占筮的内容远远超乎前代,如"以八卦占筮之八故,以眂吉凶"。所谓八故,包括征(战事)、象(风云灾变)、与(与人以物)、

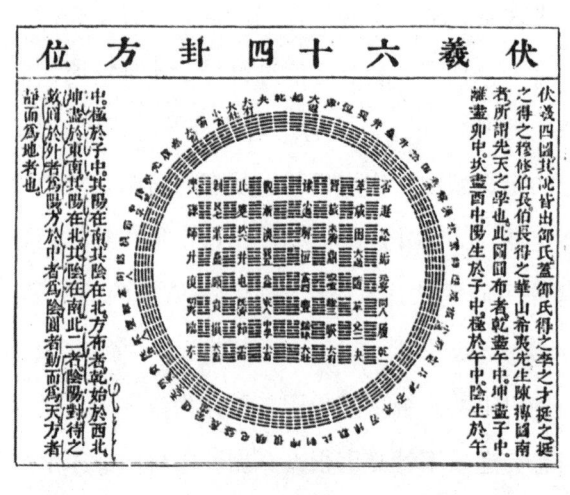

六十四卦方位示意图

谋（策划谋议）、果（事成与否）、至（来到与否）、雨（降雨与否）、瘳（病愈与否）八个方面，涉及的范围极广。所以，我们从《周易》卦辞、爻辞中，清楚地看到周人居安思危的精神风貌，矛盾转化的辩证思维，以及自强不息的文化心理，由伏羲八卦的创立到《周易》的形成，体现了先民认识自然，进而预知吉凶、趋利避害、改造自然的进化历程，也是中华先民文化心理和智慧日臻成熟的记录。

中华先民们运用高度概括、浓缩的八卦信息符号，在论证宇宙万物的过程中，熔铸并不断锤炼了中华民族特殊的抽象思维和逻辑推论能力。悠悠岁月大浪淘沙，人们对八卦及《周易》的兴趣，逐渐从推断吉凶的神学主旨和利用卦象、卦辞的表现形式，转移到用它观察世界的辩证思维方式和宏观把握能力上来。于是卜筮之书转变成指导生活、分析矛盾、解释世界的经典。在此基础上，经历代思想家、哲学家的清理批判，逐渐形成一套完整严密，富有民族特色和阴阳变易的逻辑理论体系，深刻影响了中华民族的思维方式和文化进程。毫不夸张地说，八卦以及《周易》已成为开发民族智慧，陶冶民族精神，弘扬传统文化的"元素"和动力。郭沫若称《周易》是"古老的科学宝库"，古往今来的哲人学士从这座宝库中不断吸取，不断地有所发明，有所发现。追本溯源，伏羲创造的八卦符号，实乃中华传统文化的源泉与核心。

八卦与易学体系在哲学层面上既是中华民族认识世界，指导人类社会发展的解释系统，也是一个操作系统。因而，这一完整严密、富有民族特色和阴阳变异、和合大同的辩证思维理论和逻辑方式体系，深刻影响了中华民族的思维方式和文化进程。在文化层面上，八卦与易学体系，是长期占据正统文化的儒家学说，与儒学并立而存的道家文化，在民间社会有广泛基础的巫术占筮等神秘文化的活水源头。所以，八卦符号与易学思想，对中华传统文化的形成具有奠基作用。

当代学者黎振国先生在《中国哲学三百题》中对八卦产生的影响作了精辟论述：八卦无疑是中华民族最有特征的神秘奇妙的文化创造之一，没有其他什么事物能像它那样，在中国历史上造成如此巨大、广泛而又复杂的影响。算命先生利用它来卜知未来，天文学家利用它来制定历法，推算天象，哲人们从它中间悟出天地的起源和万物的生成。所以，八卦成为中华先民理性思维和科学思想结晶与高度智慧的标志。由八卦到《周易》并由此形成的易学思想与体系，是中华民族解释世界、认识自然、规范社会人伦的钥匙与百科全书。

### 4. 人首蛇身龙图腾

图腾崇拜曾经是远古时代世界各地相当普遍又大多经历过的一种历史现象。所谓图腾就是原始时代的人们把某种动物、植物或非生物等当作自己的亲属、祖先或保护神，并相信他们有一种超自然力，会保护自己，并且还可以获得他们的力量和技能的崇拜物。在原始人的眼里，图腾实际是一个被人格化的崇拜对象。这实际是原始人类对周围世界及其现象和人类自身难以做出科学解释进而神秘化的一种反映。在我国上古部族中，伏羲部族就是一个以龙为图腾的部族。

相传伏羲、女娲都是人首蛇身。在古文献中留下了大量伏羲、女娲人

河南濮阳市西水坡仰韶早期文化遗址
墓葬蚌壳砌成的龙虎图案

首蛇身的记载,如《史记·补三皇本纪》:伏羲"蛇身人首,有圣德。……有龙瑞,以龙纪官"。女娲也是"蛇身人首"。这些有关伏羲、女娲人首、人面而为龙身、蛇身、蛇躯、鳞身的记载,正是远古以来口耳相传他们以大蛇即龙为图腾的真实记录。

对伏羲这种半人半兽的形象,学术界公认实际是伏羲氏族以龙(大蛇)为图腾,并将其首领神化的反映。"龙"这种自然界未曾存在的动物成为图腾,经过了复杂的演变过程。它是以大蛇为图腾的伏羲部族在崛起强大的进程中,不断兼并许多弱小的部族,同时也将臣服部族形形色色的图腾部分地吸收到自己的图腾之中,所以"大蛇这才接受了兽类的四脚,马的头、鬃和尾,鹿的角,狗的爪,鱼的鳞和须,……于是便成为我们现在所知道的龙了。"① 也有人说龙是伏羲部族融合多个被征服和融合部族的图腾复合而成的"九似"之物,也就是以蛇身为基础,附加牛耳马齿、鹿角虾须、鱼鳞蛇身、狮鼻虎爪的多图腾组合而成的龙图腾。龙图腾由生物性的蛇复合、混血成为虚拟性的龙,正是伏羲部族征服融合各部族走向文明强大在上古图腾崇拜上的典型体现。我们透过伏羲人首蛇身面纱遮盖下的龙图腾,看到的是活生生的原始时代中华先民们自强不息、融合壮大而肇始文明的辉煌画卷。

龙图腾一经形成,就以极强的生命力和博大的胸怀,兼容并包和海纳百川的气概,随着部族生息繁衍,迁移扩散,其足迹及文化辐射几乎遍及中华大地。所到之处无不播下"龙"的种子,于是这些"龙子龙孙"共同书写了华夏文明的第一篇。在我国新石器时代遗址中,河南濮阳市西水坡仰韶早期文化遗址中,发现了三组用蚌壳砌成的龙虎图案。辽宁阜新县沙拉乡查海村发掘的原始聚落遗址中,发现了石块堆塑龙。在内蒙古敖汉旗

---

① 闻一多《伏羲考》,《闻一多全集》第一卷,三联书店 1982 年版。

小山赵宝沟出土的褐陶尊上的野猪龙；辽西葫芦岛市连山区塔乡杨家洼子发现了两条8000年前的鸭嘴巨龙。①

还有河南舞阳贾湖遗址，安徽含山凌家滩，辽西喀左东山嘴和牛河梁发现的红山文化遗址等都有与伏羲八卦、历法、占卜有关的文物出土。

在羲皇故里天水新石器时代文化遗址中，也多有与龙图腾相关的陶器出土：一是1958年在甘谷县西坪遗址出土了一件仰韶晚期的鲵鱼纹彩陶瓶，彩陶瓶腹部用黑彩绘一弯曲的人面鲵鱼，圆脸尖头，身躯饰以网格纹象征鱼鳞。二是在武山县傅家门遗址也出土了一件仰韶时代鲵鱼彩陶瓶，瓶彩绘一人首和变体鲵鱼纹的动物，尾高卷至头，身躯肥大并以网格纹装饰，有八足。这两件文物是我国史前考古中见到的最形象、最典型的人兽形彩绘图案，故被认为是我国最早的龙图，可能是伏羲氏的雏形。② 三是在秦安大地湾遗址仰韶中期文化层中，出土了一件人头形器口彩陶瓶，器口圆雕一额垂一排短发，镂空眼鼻，嘴微张，双耳穿孔的人头像。瓶体通绘三排大致相同的孤线三角和斜线组成的二方连续图案，似抽象化了的飞鸟纹。器型恰似一个截了尾的"人头蛇躯"形象，纹饰似鳞又似树叶，与"断发文身""人首鳞身"相近。③ 此外，天水地区还出土有不少人头形器口陶瓶和绘有鱼纹、蛙纹的彩陶器。所有这些，反映了羲皇故里天水地区丰富的龙文化原始信息。

循着龙的文化踪迹，展现在我们面前的便是一部中华民族的形成史，据统计，《山海经》一书共有"神"454个，其中"神人"307个，而龙身、

---

① 仓林忠《中华民族的人文始祖之辨》，《盐城工学院学报》2002年第1期。

② 张广立等《黄河中上游地区出土的史前人形彩陶及陶塑初探》，《考古与文物》1983年第3期。

③ 王彦俊《试论伏羲氏族文化》，载《伏羲文化》，中国社会出版社1994年版，第174页。

人头形器口彩陶瓶　　　武山县傅家门遗址和甘谷县西坪遗址出土鲵鱼彩陶瓶

蛇身、龙首的"神人"达138个,占"神人"数的45%。它们分布的地域几乎包括《山海经》记述的全部范围。闻一多先生考证,在上古民族及传奇人物中,有苗族、越人、建立夏朝的夏族以及匈奴族等均以龙为图腾;而共工、祝融、黄帝等人物都是龙子;黄帝与炎帝是举世公认的华夏始祖,史载:"昔少典氏娶于有蟜氏,生黄帝、炎帝"。黄帝位列"五帝"之首,炎帝是其弟,颛顼是其孙,帝喾是他的曾孙;夏人始祖大禹则是他的玄孙,周人始祖后稷的母亲姜嫄又是黄帝曾孙帝喾的元妃。此外,我国西南地区的彝、瑶等许多少数民族至今仍流传着伏羲、女娲是其始祖的传说。不难看出,自五帝至先秦时代的英雄人物及其政权建立者,几乎都是龙图腾伏羲的后裔。

龙不仅是中华先民共同认可的族徽,顶礼膜拜的至上神,更重要的是它深入并积淀于中华传统文化的诸多层面而弥久不衰。历代改朝换代,君主即位便是"真龙天子",他们穿龙袍,坐龙椅,以龙子龙孙自居;朝堂宫殿无处不有龙。"龙"成为王权神授,神圣不可侵犯的权力象征。在下层民间，龙文化几乎无所不在。伴随封建帝制的寿终正寝，"龙"的神权外衣随之消失。然而，在中华民族心灵深处和意识领域，"龙"依然牢固地产生着影响，有着不可替代的地位并代代相传。于是，中华儿女都是"龙的传人"，龙成为中华民族的族徽、象征和"胎记"，成为中国文化最伟大的标志。

## 5. 伏羲的文化贡献

在我国古史传说时代的英雄人物中，伏羲位列"三皇之首""百王之先"，被尊称为人文始祖。在我国首都北京阜成门内大街明代创修的历代帝王庙中，伏羲以有史以来中华第一位"帝王"而位列正中。可见，伏羲在中华古圣先王中是名副其实的"百王之先"。作为人文始祖，伏羲及其部族有众多发明创造，主要有画八卦、造书契、结网罟、取火种、养牺牲、兴庖厨、造甲历、制嫁娶、定姓氏、创礼乐、制九针、立占筮、设九部、龙纪官、造干戈、服诸夷等，在物质、精神、制度文化诸方面开创并奠定了中华文明的基础。下面选择几个方面举要作一介绍。

（1）结网罟与取火种

伏羲在带领部族认识自然，适应自然，改造自然和改善生活、提升生产效益，增强生存能力，拓展生产生活领域的过程中创造发明很多，在物质文化方面，主要包括发明网罟、取火、教民熟食、制九针、作杵臼、化蚕、冶金等等。

据《周易》等文献记载，伏羲"作结绳而为网罟，以佃以渔"。这是说伏羲将绳子编织打结而发明了网罗，也有文献说伏羲是受到蜘蛛结网的启发发明了网罗。所谓"以佃以渔"，就是用网来捕猎飞禽走兽和捕捞水中鱼虾。"罟"也是网的意思，是网类的总称，这说明当时人们已能够根据捕获的需要而制作不同的网。我们知道，原始人类在农业出现之前，最初的食物来源主要靠狩猎兽类和采集植物果实获得。网罟的发明，使先民们在使用石器、骨器、木器等工具捕猎、采集的基础上，又新增了用网狩猎和捕鱼。显然网的使用，既提高了捕猎能力，又减轻了捕猎的强度，提高了捕猎效率，使先民们的食物来源更有保障，提升了人们的生活质量。

文献和传说曾说伏羲"钻木取火"。在中国古史传说体系中曾有构木为巢的有巢氏，带领先民告别了野处穴居的生活；有钻木取火的燧人氏，教民学会了取火；而伏羲氏则是发明网罟，带领人民掌握狩猎捕鱼技术而进入了渔猎时代。所谓伏羲"钻木取火"，当是伏羲改进了取火和保存火种的技术，扩大了用火的范围。而教民学会烹制肉类熟食，则伏羲的又一大贡献，这对于促进人类身体健康和大脑发育具有极大的促进作用。伏羲又称"庖牺"，据《拾遗记》记载："庖者包也。言包含万象，以牺牲登荐于神，民服其圣，故曰庖牺，亦谓伏牺。"《帝王世纪》也说"取牺牲以充庖厨，以食天下，故号曰庖牺氏，是为牺皇。"可见伏羲又被称为庖牺氏，正是他将捕获的兽类敬献于神，因而受到民众的拥戴，"民服其圣"；他又发明烹制肉类"以充庖厨，以食天下"，改善优化了部族民众的饮食结构。可以说伏羲氏中国有史以来第一位烹饪高手，也就是中华美食及美食文化的奠基者。

针灸是中国独有的医疗技术，对人类健康事业具有重要贡献，伏羲当是针灸的发明者。据《帝王世纪》记载，伏羲"尝百药而制九针，以拯夭枉焉"。在羲皇故里与伏羲大约同一地域、同一时代的秦安大地湾遗址，发现有大量的骨针。骨针本是人们用来缝制衣服而发明的，相传伏羲"制九针"，则说明伏羲时代人们掌握针灸技术是完全可能的。又据《新论》记载，"伏羲制杵臼，万民以济"。杵与臼为粮食加工工具，在我国新石器时代早期遗址中曾有普遍发现，天水大地湾、西山坪和师赵村遗址早期文化层就有石磨盘、石磨棒的出土，则伏羲发明或改进杵臼技术，提高食物加工技术也是可信的。

此外，还有"伏羲化蚕"也就是驯化野蚕，"冶金成器，教民炮食"即发明冶金技术，制作器皿，教民孰食，"去巢穴之居"即改进房屋修建技术等记载，类似这样重要的发明创造还有不少。

（2）制礼乐与作甲历

礼仪和音乐是古代统治者为了维护尊卑有序、亲疏有别的统治目的而推行的重要制度，它与一定时期的社会习俗、典章制度与国民精神相联系。《礼记·乐记》称："乐统同，礼辨异。礼乐之说，管乎人情矣。"也就是说音乐可以主导社会大众和睦而向同，使社会归于和谐；礼仪在于区分人伦尊卑，使长幼贵贱有序。即礼仪制度是为了管理国家，安定社稷，便利人民；音乐可以通过移风易俗，净化人心，达到扬浊正性的效果。所以说"礼"是规范社会和人伦秩序，"乐"可使大众归于和谐。故"礼崩乐坏"被看作国家走向衰亡的标志。可见，礼和乐在古代国家治理和文化建设中都具有重要地位。

一般认为礼乐始自夏商，到周初周公"制礼作乐"形成独有文化体系，后经孔子和孟子承前启后，创建以礼乐仁义为核心的儒学文化系统，由此传承发展至今，构成中国古代文明的重要组成部分。中华民族的"礼乐文化"，塑造中国成为"礼仪之邦"。如果要追溯制礼作乐的源头，可以由夏商上推至伏羲时代。

礼及礼仪制度从上古以来在逐步形成和不断完善的过程中，成为维护国家和统治者利益的重要文化制度。它通过"正容体，齐颜色，顺辞令"这一形式和途径，达到"定亲疏，决嫌疑，别同异，明是非"的效果，以实现君臣、上下、父子、兄弟各归其位、各司其职的等级秩序。这些礼仪制度，成为举行祭祀、宴享、朝聘、婚冠、丧葬等宗教和政治活动时必须遵守的制度。而且，在这些场合均使用礼乐器，而礼乐器数量、种类的多寡与不同，代表着器主身份、权位的不同。商周以来盛行的这种礼仪制度，正萌芽于伏羲时代。

伏羲时代已经进入父系氏族公社阶段，随着生产力水平提高和人口增多，部落联盟、部落、氏族、家庭的存在及其协调运行，社会分工的出现和资源的分配，都需要统筹管理，于是，最初的礼仪制度由此产生。史称伏羲对其部族分九部，设六佐，就是对部族进行划分和分类分工管理的举措。《拾遗记》说伏羲"立礼教以导文，造干戈以饰武"。就是通过对部族内大小首领、家庭、不同职业、不同身份、不同能力的成员按照责任义务和长幼尊卑进行划分与规范，由此而在部族生产、生活与公共事务中形成相应的责任、地位和秩序。干戈等兵器的制造与使用，则是用强制手段达到维护秩序和护卫部族的重要举措。《路史·后记一》又说伏羲"爰兴神鼎，制郊禅"。郊禅也就是在都城郊外祭祀天地之礼，神鼎即是伏羲最早所创制，史称"闻昔大帝兴神鼎一，一者一统，天地万物所系终也。黄帝作宝鼎三，象天地人也。禹收九牧之金，铸九鼎，皆尝鬺烹上帝鬼神。"[1]大帝即伏羲，可知伏羲做神鼎一尊，象征一统和对天地万物的统辖。由此发端的铸鼎用鼎到夏商周时代就形成了完整的用鼎制度，成为礼仪制度的重要组成部分。

音乐的出现和形成少不了乐器和歌谱，而伏羲在这两个方面都有重要发明。《世本》说"伏羲作瑟，伏羲作琴。"《拾遗记》又说"丝桑为瑟，灼土为埙"。可知琴、瑟、埙等乐器都是伏羲所发明，其中，瑟有二十七弦和三十五弦之分，瑟弦用蚕丝做成。古代流行的琴与瑟均由梧桐木制成，带有空腔，丝绳为弦。琴初为五弦，后改为七弦；瑟为二十五弦。古人以琴瑟为雅乐正声，使用琴瑟来达到顺畅阴阳之气和纯洁人心的目的。埙为土乐，由泥土造型烧制而成，在大地湾遗址就发现了这种乐器，在天水民

---

[1]《史记》卷十二《孝武本纪》，中华书局1981年版，第465页。

间这种乐器至今存在,俗称"哇呜",其声低沉幽雅,别具风味。《世本》说"女娲作笙簧"。说明女娲和伏羲一样,都对音乐的创立做出重要贡献。

伏羲在发明琴、瑟的同时,也创作了中国最早的乐曲。根据有关文献记载,伏羲所做乐曲为《扶来》和《驾辩》。其中,《扶来》又称《立基》《立本》,歌曲内容大约是歌咏网罟狩猎,用以安定天下民众。《抱朴子》有"伏戏《驾辩》,楚《劳商》只"的记载。王遗注解说"言伏戏氏作瑟,造《驾辩》之曲,楚人因之,作《劳商》之歌,皆要妙之音"。刘逵进一步解释说"伏羲作琴,始造此曲。"按古人的解释,伏羲所做《立本》为"咏网罟"之曲;所做《驾辩》则是琴曲。

远古人类对于自己周围的自然和外部世界的认识,集中体现在对天文和地理的探索上。中国古代具有发达的天文历法知识,就是在远古先民探索积累的基础上形成的,其中伏羲及其部族就是杰出代表。

《拾遗记》说伏羲"规天为圆,矩地取法,视五星之文,分晷景之度,使鬼神以致群祠,审地势,以定山岳"。规是画圆的工具,今指圆规,矩是画直角或方形的工具,也就是角尺。有了校正圆形、方形的两种工具,就可以上窥天文,下探地理,以此来比喻标准法度。也就是说伏羲及其部族在观测认识星象天文,度量大地万物的基础上,创立了仰观天文、俯察地理的基本方法。人们通过观测天文星象,认识天体和星宿演变,分辨日月升落和高度角的变化,掌握季节物候的规律,进而合理安排神灵和祠庙祭祀,掌握山川形势,确定江河山岳的治理。这说明伏羲及其部族在天文和地理方面的探索与知识积累,奠定了先民们认知天地自然和人类社会的基本规范。

在我国发现的汉代画像砖和古代墓葬壁画中,以伏羲、女娲人首蛇身交尾图为题材的图像发现不少,这些作品无一例外都绘有两人分别手执规和距的图像,这正是对他们最早开创天下规则法度的形象体现。《路史·后

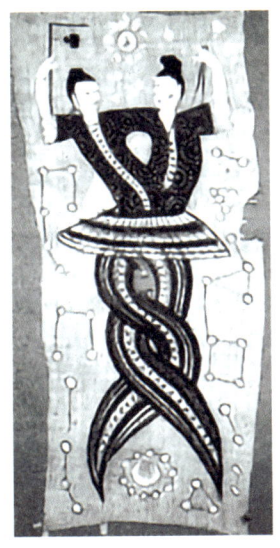

徐州汉画像石、新疆出土唐代丝织品上的伏羲女娲交尾图

记一》记载说"伏羲推策作甲子",又说"古者庖羲立周天历度"。所谓推策,就是古人用蓍草或竹筹推算历数,后亦用于占卜吉凶。也就是说伏羲及其部族在观测天象演变的基础上,利用神奇的蓍草来推算历数,将天干、地支相配以序岁时,知节气日辰之将来,按照一年太阳运行的位置和变化,即制定历法指导生活,安排生产,管理部族,使人类社会的运行与天、地自然之道相和谐。

(3)设六佐与立九部

伏羲及其部族在制度文化方面的贡献,除了前面已经说到的礼乐制度之外,还开创了婚姻制度和职官制度等。其中,职官制度开创的标志是设六佐与立九部。

《春秋纬·命历序》说伏羲"始名物虫鸟兽之名"。这是对自然界各种草木植物和虫鸟走兽等动物进行分类和命名,是人类对自然世界认识的大跨越和相关知识的大整理。这不仅是后世植物分类学和动物分类学等专门科学的原始萌芽,而且,这些知识的形成和掌握,对当时人们开发自

天水市伏羲庙先天殿远景

然,提升生产与生活能力具有重大的促进作用。伏羲"立礼教以导文,造干戈以饰武",则是对部族民众进行文治教化和武力威慑,使部族社会正常秩序得以维持和运行。《拾遗记》又说伏羲"变混沌之质,文宓其教,故曰宓牺。"所谓"混沌"当是指此前的天地万物和人类社会尚无命名分类和训俗教化,伏羲"文宓其教",从而使先民们告别了原始洪荒。

《易纬·坤灵图》说"伏羲立九部而民易理。"就是随着部族人口繁衍,伏羲将部族进一步划分为"九部"进行分部治理,这既是部族迅速发展的反映,也是部族社会进一步分化,管理体系进化的必然产物。这一制度的扩大和完善,就是后世夏商周时代的画野分疆、封建诸侯,甚至后世的九州设想和郡县制的实行,均可溯源于此。

关于伏羲在创设官职管理民众的记载,最早见于《左传·昭公十七年》:"大皞氏以龙纪,故为龙师而龙名。"汉代服虔解释说:"大皞以龙名官,春官为青龙氏,夏官为赤龙氏,秋官为白龙氏,冬官为黑龙氏,中官为黄龙氏。"

《纲鉴易知录》对此有系统论述,其大意是由于龙马背负河图从黄河而出,伏羲以为见到龙马是一种祥瑞,于是就以"龙"来命名辅佐他的部下。每个官员分别负责一个方面的部族事务,主要有朱襄为飞龙氏,主理文籍教化;昊英为潜龙氏,负责编订甲子历法;大庭为巨龙氏,主持建筑房屋;

混沌为降龙氏，管理防灾除害；阴康为土龙氏，专司农田民宅；栗陆为水龙氏，主持水利和草木繁育。设上相和下相，分别由共工和柏皇担任，让朱襄和昊英两位作为上、下相的助手，常随侍左右；命葛天、昆连、郝胥、栗陆分驻东、西、南、北四方管理民众，阴康协理下层民众。再加上春、夏、秋、冬、中五个龙官的设立，①分工协调共同管理公共事务，使政教风俗得到完全的施行，所以"政化大恰"。

伏羲氏还设立了"六佐"，分别为金提主风俗教化，鸟明理民生，视默防灾害，纪通居中主协调，仲起察海陆，阳侯管江海，②分别负责管理部族一个方面的工作，以保障日益扩大和公共事务不断增多的部族联盟的正常运行。

可知伏羲在强化部族管理的过程中，通过设立六龙、上下相、五官、六佐等辅佐之臣，分理或协理内外事务，举凡文教、风俗、民生、田园、山川、灾异、江海、四方等事务，均有专人负责。这说明伏羲以龙纪官，实行分层分类和细化管理，建立了初级的管理社会公共事务的机构。这无疑是后世职官体系和政治制度的雏形，也表明伏羲时代已开启了酋邦文明的步伐。

---

① [清]吴承权撰，刘绍军译《纲鉴易知录》，中华书局2016版，第6页。
② [清]马骕撰，刘晓东等点校《绎史》卷三，齐鲁书社2001年版，第18—19页。

## 三、女娲补天序人伦

在伏羲、女娲古史传说体系中，伏羲之后有女娲氏、大庭氏等 15 位部族首领都承袭伏羲名号统领伏羲部族。女娲与伏羲既是兄妹，又是夫妻，后来还成为伏羲的继承者，为部族发展和兴盛发挥了承上启下的关键作用。所以，在带领部族战胜困难、壮大发展的过程中，女娲作为一位女性首领，她还具有独特的贡献。这主要有女娲补天、抟土造人以及和伏羲一道制嫁娶、定姓氏等方面。

### 1. 女娲炼石补天穹

女娲补天的故事在我国几乎家喻户晓，各地民间也有多种版本，但究其来源，还是以早期文献记载更具权威性。最早记载女娲补天的是《列子》，其后《淮南子》记述更为详尽，到东汉王充《论衡》又有所增益而定型。

《列子·汤问》：

> 天地亦物也。物有不足，故昔者女娲氏炼五色石以补其阙；断鳌之足以立四极。其后共工氏与颛顼争为帝，怒而触不周之山，折天柱，绝地维，故天倾西北，日月辰星就焉；地不满东南，故百川水潦归焉。

这段文字记述了两件事，一件是前面发生的女娲补天，一件是此后发生的共工怒触不周山。

《淮南子·览冥训》：

> 往古之时，四极废，九州裂，天不兼覆，地不周载。火爁焱而不灭，水浩洋而不息。猛兽食颛民，鸷鸟攫老弱。于是女娲炼五色石以补苍天，断鳌足以立四极，杀黑龙以济冀州，积芦灰以止淫水。苍天补，四极正，淫水涸，冀州平，狡虫死，颛民生。背方州，抱圆天。和春阳夏，杀秋约冬，枕方寝绳，阴阳之所壅沈不通者，窍理之；逆气戾物，伤民厚积者，绝止之。

这段描述交代了女娲补天的起因，即四极废，九州裂等，也描述了女娲如何补天以及补天后的效果，不仅苍天补，四极正，洪水止，冀州平，百姓安居乐业，而且天、地、四时、阴阳复归平衡，灾害不生，鸟兽不侵，

秦安县陇城镇女娲洞

自然与社会一派祥和景象。

《论衡·谈天篇》又说：

> 共工与颛顼争为天子不胜，怒而触不周之山，使天柱折，地维绝。女娲炼五色石以补苍天，断鳌足以立四极。天不足西北，故日月星辰移焉，地不足东南故百川注焉。

这段记述文字虽然不长，但却与前述记载有明显不同，他将《列子》所载前后发生的两件事合二为一，将后起之事置于女娲补天之前并成为补天之因。

维也纳联合国办事处陈列的中国艺术家袁熙坤作品"女娲补天"雕塑

尽管女娲补天故事在早期文献记载中有着以上的变化和增益，但女娲补天的基本史实却始终如一，并无变化。我们从中有这样几点值得引起重视。

一是不论"四极废，九州裂"具体所指为何，但这是一次先民们遇到的前所未有的大灾难当属无疑。或为一次大洪水、火灾，或者天崩地裂、泥石流，或者战争，抑或是伏羲去世引发部族内乱等。无论天灾还是人祸，上古此类事情当实有发生，应该是女娲及其部族遇到一次大灾难真实经历的故事性曲折描写和表达。

二是女娲作为部族首领，她面对大灾能够不畏困难，沉着应对，带领部族创造性地平息了灾难，使天地自然、人类社会复归正常。在我国神话传说和寓言故事中，类似女娲补天，包括伏羲画卦等这样的故事比比皆是，如精卫填海、后羿射日、夸父逐日、神农尝百草、大禹治水、愚公移山等都属此类。这些故事虽然内容情节各异，但都是主人公面对各种各样的灾难和挑战，通过自己和部众的不懈努力和创造性应对，凭借坚韧不拔的意志和百折不挠的坚持，依靠勤劳的双手和智慧，一一战胜灾难，克服困难，取得胜利，获得新生。这种坚韧不拔的毅力，自强不息的性格和大无畏的创造精神，在中华先民开启文明之时，就已经与生俱来地生成了。中华民族面对大灾、大难、大疫等，始终能够临危不惧、万众一心、排除万难、共克时艰、取得胜利，原因正在于此。

三是《淮南子》记述女娲补天故事末尾说：女娲补天后，"不彰其功，不扬其声，隐真人之道，以从天地之固然。何则？道德上通，而智故消灭也。"这段话值得引起我们注意。这是说女娲补天成功，战胜灾难后不仅没有居功张扬，而且觉得这只是回到了天地自然原有的状态。何则？原因就在于"道德上通，而智故消灭也。"这个回答十分精辟！所谓"道德上通"就是一种敬天爱民的大爱之德，而"智故消灭"则是说灾难的消弭靠的是聪明和智慧。由此可见，像女娲这样的部族首领或酋邦领袖，之所以成为首领并得到部族拥戴和开创文明，其真谛和奥秘就在于凭"德"和"智"服务于社会。

### 2. 抟土造人育众生

在中国神话中，女娲的突出特点是创世女神和化生万物。除了炼石补天之外，她又以抟土造人和主婚姻而被称为大地之母、高媒之神。

关于女娲造人的记载见于《淮南子·说林篇》:"黄帝生阴阳,上骈生耳目,桑林生臂手,此女娲所以七十化也。"高诱对此解释说:"黄帝,古天神也,始造人之时,化生阴阳。上骈、桑林,皆神名。女娲,王天下者也。七十变造化,此言造化治世非一人之功也。"这是说女娲与几位远古诸神共同造出了人类,其中,黄帝造出男女性别,上骈造出耳朵眼睛,桑林造出胳膊手掌,女娲因有一日"七十化"的能力,所以能多般转变创造化育。对女娲造人更为完整的记载是汉代的《风俗通义》:

俗说天地开辟,未有人民,女娲抟黄土作人,剧务,力不暇供,乃引絚于泥中,举以为人。故富贵者,黄土人也,贫贱者,絚人也。

天水市七里墩天河广场前的女娲塑像

这是典型的人类始生传说。在天地开辟后,大地一片寂静,没有人类。于是,女娲用黄土和泥造人,一个一个人就这样造出来了。但这个办法造人的速度太慢,女娲索性拿来绳索伸入泥中,拿出带有泥浆的绳索一甩,一串泥浆一旦落地,一个泥点就是一个人,一次可以造出许多人,这样很快就造出了一群人。其中,女娲用黄土捏出的人就成了富贵者,而那些用绳索甩出的人就成了普通人。人类就是由女娲所造的人繁衍而来。

历史上还流传着另一个版本的造人说，其大意是说女娲在造人之前，于正月初一创造出鸡，初二创造狗，初三创造猪，初四创造羊，初五创造牛，初六创造马，初七这一天，女娲用黄土和水，仿照自己的样子造出了一个个小泥人，她造了一批又一批，觉得太慢，于是用一根藤条，沾满泥浆，挥舞起来，一点一点的泥浆撒在地上，都变成了人。为了让人类永远的流传下去，她创造了嫁娶之礼，自己充当媒人，让人们懂得造人的方法，凭自己的力量传宗接代。

当然，用泥土造人毫无科学道理，但作为上古先民对人类来历的一种解释，却具有重要的民俗学意义。先祖"造人"故事虽有不同的版本和多种的情景与途径，但其作为繁衍人类的寓意则实质是一致的。从上述记载和传说，再结合伏羲、女娲兄妹成婚繁衍人类可知，女娲是远古人类的始祖母，因而受到后世人们的怀念、歌颂和赞扬。

### 3. 俪皮为礼定嫁娶

婚姻关系和婚姻制度的变化，是人类文明的重要标志之一。人类由与动物无异的群婚制向一夫一妻制的过渡历程，与人类由野蛮洪荒走向文明的进程相一致，大体经历了母系氏族社会阶段的族内婚到族外婚，再发展为对偶婚，进入父系氏族社会进而过渡到一夫一妻制。伏羲、女娲兄妹成婚繁衍人类和女娲造人、置婚姻和定嫁娶，反映的正是由对偶婚向一夫一妻过渡阶段婚姻制度的变革情况。

如前所述，女娲与伏羲兄妹成婚，共同繁衍了人类，因而他们被尊奉为华夏民族的始祖。女娲抟土造人，所以又是人类的始祖母。除此之外，女娲作为女性，她与伏羲一道为远古时代婚姻制度的创立做出了贡献。

伏羲相传生于古成纪，就是今天水一带。其母华胥氏，在雷泽"履大人迹"有孕而生伏羲。"大人迹"为何物？人们一般认为这是在雷泽活动的雷神的足迹。雷神并非真人，这里透露出伏羲不仅出身不平凡，而且以他的出生为标志，此前华胥氏之民尚处在"知其母而不知其父"的原始时代和不媒不娉的族外对偶婚时代，即母系氏族制的高级阶段；伏羲明显是男性英雄，则自伏羲诞生，华胥氏之民开始了向父系氏族制阶段的过渡。

伏羲、女娲兄妹成婚的传说，隐约反映了血缘家族内同辈血缘婚制的遗存。但值得注意的是传说反映的兄妹成婚，是在一种洪水过后，人类灭绝，世上仅存兄妹二人的特殊环境中发生的。而且，他们已经自以兄妹成婚为"羞耻"；故以"烟"为媒决定是否婚配。这些信息曲折地表明，在特殊条件下的兄妹成婚，实际表达了在母系氏族公社高级阶段已经盛行族外对偶婚的背景下，伏羲、女娲两兄妹成婚的迫不得已，说明其时同母兄妹间的婚姻关系已被禁止。而以烟为媒则是上古先民"灵物崇拜"在婚配上的反映。又相传伏羲"始创嫁娶，以俪皮为礼"。"俪皮"即鹿皮，一说指两张鹿皮，是男女双方订婚的礼物；一说为一张鹿皮，划为两半，男女各执一半为婚姻信物。伏羲的这一行动，可能是由对偶婚向一夫一妻制的巨大迈进。

由伏羲感生的"神婚"，到伏羲兄妹成婚再过渡到"以俪皮为礼"，隐约揭示了伏羲

秦安县陇城镇女娲祠女娲塑像

氏族在漫长原始社会的一定阶段，婚姻制度的革命性变化。

文献中又有伏羲"制嫁娶，正姓氏""女娲祷祠神，祈而为媒因置婚姻"的记载。又说女娲"以其载媒，是以后世有国，是祀为皋媒之神。"这说明伏羲又是嫁娶之礼和姓氏制度的开创者；而女娲则是最早的做媒者，也就是媒人，因而被尊奉为高媒之神。加之女娲"抟土造人"的传说，以及女娲"蛇躯"和"女娲之肠"其实都是其生育的象征说法，是上古人们生殖崇拜的具体表现和反映，说明女娲既是高禖之神，也是生育之神。

女娲作为中华先民的第一个媒人，被后世尊为"禖神"。"皋禖"即高禖，就是司婚配与孕产的"始祖母"神。《路史·后记》说女娲"正姓氏，职婚姻，通行媒，以重万民之则，是曰神媒"。禖神就是管理结婚与生子的女神，亦即"大母之神"，①闻一多先生说："古代各民族所祀的高禖全是各该民族的先妣。"②据其考证，夏的高禖是涂山氏，商的高禖是娀简狄，周的高禖是姜嫄。而中华先民最早的高禖即是女娲。所以，女娲作为华夏民族的"高禖"，即"媒人之祖"与"婚姻之神"，一直受到民间百姓的祭祀和崇拜。

兄妹婚在对偶婚之前的族内婚时期是很普遍的现象，为什么我国古史传说中唯独把伏羲、女娲兄妹成婚的事迹保存下来并广泛流传，原因在于他们在迈向父权制的过程中，对当时的婚姻制度进行了变革。他们总结了过去氏族内部混乱的婚姻关系造成人丁不蕃的经验教训，对旧的婚姻习惯进行了大刀阔斧的改革，通过正姓氏，明确氏族源流，确定各人的血缘关系，并做出规定，严格禁止族内通婚，在族外对偶婚制度的基础上，开始了向一夫一妻制的过渡。他们正是上古婚姻制度转型期起了巨大作用的领

---

① 孙作云《诗经恋歌发微》，见其著《诗经与周代社会研究》，中华书局1966年版。
② 闻一多《神话与诗》，华东师范大学出版社1997年版。

袖人物，故而他们兄妹成婚的事迹，就成为一种走向灭亡的婚姻制度的象征，因此具有了划时代的标志性意义，并被人们口耳相传而流传下来。婚姻制度的改革和进步，不仅有利于氏族群体的健康繁衍，提高人类的品质，而且打破了氏族活动的狭小范围，开阔了人们的眼界，加强和拓展了氏族间的交往与联系。对上古人类自身的发展和社会进步发挥了重要作用。所以，他们被后世尊奉成为人类始祖；而女娲以其特殊的女性身份又被列为生育之神和高禖之神，共同受到后世的崇祀与纪念。

华丽绽放的农业文明

2019年7月6日下午，在阿塞拜疆首都巴库举行的第43届联合国教科文组织世界遗产委员会会议上，来自中国浙江的良渚古城遗址顺利通过审议，列入《世界遗产名录》。良渚文化遗址是一处距今约5300年前的新石器时代文化遗址，这标志着中华文明五千年的历史开始得到世界的承认。而早在2018年5月28日，国务院新闻办公室举行中华文明起源与早期发展综合研究成果发布会，宣布"中华文明探源工程"以考古资料实证了中华文明5000年。这是基于对黄河中下游中原地区山西襄汾陶寺遗址、河南登封王城岗城址、新密新砦遗址、偃师二里头遗址、郑州大师姑遗址、陕西神木石峁遗址、辽西红山文化遗址以及长江中游湖北天门市天石家河遗址和下游良渚遗址而揭示的新成果。实际上，在我国境内众多新石器时代文化中，仅仅以上述遗址为主探究中华文明起源是远远不够的。如以甘肃大地湾为代表的新石器时代文化遗址，其在多方面的考古发现和文明成就，对于揭示中华文明5000年，具有不可或缺的作用。

# 一、仰韶时代文化放异彩

文字、城市和金属铸造是传统认为一个文明形成的标志。这里所说的"文明"是相对于史前时代的"野蛮"而言的,即由无阶级社会进入阶级社会。因此,文明产生的过程,也就是由"野蛮"到"文明"的过程,就是由血缘家族、氏族、军事民主制过渡到国家的过程。但是,由于世界的复杂性和多样性,文明的形成的路径和过程也是多种多样的。所以,国外学者提出只要具备其中两个要素,就可以判定一种文明的形成。近年来人们又将大型祭祀中心、大型礼仪中心、贫富分化、特殊玉器等也引入对中华早期文明形成的研究。就此而论,甘肃以大地湾遗址、西山坪遗址和师赵村遗址为代表的仰韶时代晚期文化,也就是距今5000年前后的文化遗存,对揭示中华文明起源,提供了重要佐证。

## 1. 多彩的仰韶时代文化

在甘肃境内距今6500—4900年的新石器时代文化遗存,其主要文化面貌、性质与中原仰韶时代的文化相同。甘肃仰韶时代的文化遗址主要分布于东部地区,目前发现遗址数百处。其文化发展可分为早、中、晚三个阶段,其中,早期遗存集中分布于省内泾、渭河流域及西汉水流域,中晚

大地湾二期宽带纹彩陶葫芦瓶

期遗存扩及到洮河流域。目前经过较大规模发掘的仰韶文化遗址有秦安大地湾、王家阴洼、寺嘴头、天水西山坪、师赵村、武山付家门、西峰南佐、礼县高寺头等,特别是大地湾、西山坪、师赵村遗址丰富的文化内涵,为揭示甘肃地区仰韶文化的发展和探索中华文明起源提供了重要素材。

甘肃仰韶时代的早期文化遗存多分布于河流阶地,聚落呈向心式分布,外设壕沟环护。房屋为方形或长方形半地穴式建筑,居住面涂抹草泥土。陶器流行细泥红陶,器群基本面貌与半坡类型大体相同,陶器以葫芦形口尖底瓶最有特点。彩陶数量虽然不多,但鱼纹盆绘制精美。此类文化以大地湾二期文化为典型代表,文化年代在距今6500—5900年。

甘肃仰韶时代中期的文化遗存分布范围南扩至西汉水、白龙江流域,西至洮河、湟水流域。房屋面积有所扩大,有的地面以料礓石处理,木柱底部多垫陶片。陶器仍多为细泥红陶,尖底瓶器口作重唇状,彩陶纹样多样,图案精美,主要流行花瓣纹和鸟纹图案。本阶段代表性遗存有大地湾三期和师赵村四期文化,文化年代在距今5900—5500年。

甘肃仰韶时代晚期的文化遗址已扩展到山地分布,聚落迅速扩大,遗存数量显著增加。房屋仍为方形或长方形,但开始平地起建和石础技术,居住面普遍采用料礓石或白灰面。尤其值得注意的是在大地湾、高寺头、

大地湾三期网格勾连纹彩陶罐　　大地湾四期锯齿网格纹彩陶壶

南佐都出土了结构特殊、面积巨大、前堂后室的大型建筑。陶器中传统的泥质红陶减少，泥质橙黄和灰陶显著增加。侈口、喇叭口尖底瓶为典型器物，彩陶减少。本期文化以内涵丰富、文化发达和标志性成果突出而著称。其中，大地湾第四期文化遗存是甘肃仰韶时代晚期文化的典型代表，文化年代在距今5500—4900年。

甘肃仰韶时代的文化遗存数量较多，分布范围广泛，发展线索与传承关系明晰，综合分析其文化的整体发展，主要有三个显著特点。

一是聚落规模迅速扩大。聚落由早期的河谷阶地向山脚和梁峁山地扩展，聚落面积成倍增加。如大地湾遗址二期聚落面积2万平方米，三期增至4万平方米，四期则达到50万平方米。与之对应，二期聚落人口约有400人以上，[①] 按此推算，至第四期人口已超过5000人。聚落的迅速扩大和

---

① 甘肃省文物考古研究所《秦安大地湾新石器时代遗址发掘报告》（上），文物出版社2006年版，第701页。

人口的增加，无疑是经济发展、社会进化的直接表现。

二是经济发展进步明显。生产工具以磨制石器为主，除传统的斧、刀、锛外，铲、耜、锄等翻土工具增多，穿孔器已普遍存在；骨器有针、锥、凿、镞等；陶制工具有刀、镰、锉、纺轮、弹丸等。石刀、石镰和陶刀、陶镰等农作物收获工具大量出现。晚期时上述工具制作技术明显进步，如梯形弧刃石斧的形制已与后世金属斧极为接近，两侧带缺口的石刀和半月形石镰更方便使用；陶刀、纺轮数量大为增加。农业进入锄耕阶段，以种植黍、粟为主，后期粟成为主要作物，越来越多的窖穴以及陶瓮、陶缸、陶罐等大型储藏器的存在，表明农业已相当稳定，进入发达的锄耕农业。饲养家畜有猪、狗、鸡、牛等，以猪为多；狩猎物包括食草、食肉和水生动物，种类达20多种。制陶业进步显著，陶器制作技术走向成熟。彩陶比例在早中期明显增加，色彩以黑色为主，其次是深褐色，也有少量红彩，多绘于器物上腹部和口沿。常用纹样有圆点、斜线、回旋勾连等多种，图案以几何形为主，动物纹图案类型多样。彩绘符号也进一步增多。彩绘由直线演化为以曲线为主，流畅多变。动物纹由写实过渡到抽象的几何纹。这些进步为此后马家窑彩陶的繁盛奠定了基础。制陶业之外，家庭手工业还有纺织、缝纫、皮革加工、植物编制、建筑等。生产进步和经济的发展，支撑和推动大地湾人开始迈向文明时代。

三是社会复杂化进程加快。远古时代社会架构的复杂是文明日趋进步的反映。从人口和社会结构看，在大地湾二期文化早期，已形成氏族—大家族两级社会，经中期发展到晚期，则发展为部落—氏族—大家族—家庭四级，甚至出现超越大地湾部落的部落联盟。从生产分工来看，农业、饲养业、制陶业、狩猎、纺织、缝纫、皮革加工、植物编制、建筑等分工也已出现。特别是大地湾四期遗址墓葬男女随葬品的不同与贫富分化的出现，祭祀坑的发现，陶祖的发现和男性生殖崇拜的流行，F405室内权杖头的出土，大型殿堂、宫殿式建筑的存在，充满神秘色彩的地画，父权家长制及部落和部落联盟首领的出现，都表明阶级社会正在来临。这一时期武山付家门遗址还发现一批以羊、猪和牛肩胛骨为材料的卜骨，骨面有明显占卜时的灼痕和阴刻符号。这是我国目前所知最早的占卜用品，对于了解我国史前社会宗教观念和占卜起源具有重要价值。[①] 此外，许多遗址还出现陶塑人形器、人头形器和人面像、石雕人面等，可能都和宗教活动有关。

这一切都表明，社会复杂化进程不仅加快，而且在大地湾四期已经出现酋邦国家的雏形。

2. 中国最早的宫殿建筑

一说到宫殿，我们马上会想到北京的故宫，那是中国古代最后的两个封建政权的皇家宫殿，也是目前世界上现存规模最大的宫殿建筑群。宫殿作为古代君主、帝王处理朝政和居住的建筑物，其以规模宏大、形象壮丽、格局严谨而成为王权至上的标志，也往往是当时国家、政权的象征。那么，中国的宫殿建筑是何时出现，在哪发现的呢？这就要追溯到距今五千年前的大地湾四期文化以F901为代表的大房子。

在甘肃仰韶时代晚期文化遗址中，大地湾、高寺头和南佐遗址中都曾发现大型建筑，其中，尤以大地湾四期最具代表性。大地湾四期文化共发现房屋58座，其中100平方米以上的大型房子3座，40~100平方米中型房址8座，其余为小于40平方米的小房子。3座大型房址编号分别为F400、F405和F901，它们的复原面积分别为260、230和420平方米。[②]

---

[①] 刘光华主编，祝中熹著《甘肃通史》第1册，甘肃人民出版社2009年版，第74页。
[②] 甘肃省文物考古研究所《秦安大地湾新石器时代遗址发掘报告》（上），文物出版社2006年版，第402页。

大地湾 F901 宫殿式建筑基址

    这3座大型建筑功能特殊。其中，F400大房子是一座平地起建的近方形房址，门道设在北部正中，进门后左右两侧有两个套间，室内中部偏后有一屏风式"U"形内墙，中轴线两侧有8个立柱，中心部位可能有一个大灶台，屏风后设有一个取暖壁炉。地面平整坚硬而考究，颜色发黄，表层是料礓石末抹成的光面，下面第二层是砂石和轻骨料的混合层，第三、四层均为的黄色夯土层，室内发现陶器8件。这种结构和布局的建筑特点鲜明，功能独特，所以被认为是部落进行公共活动的中心场所。

    F405是一座面阔大于进深的长方形房址，该建筑室外两侧都有檐廊。现存房址残存一半稍多，残存部分室内东西长13.8~14米，南北宽11.2米，面积150平方米；若计入复原面积，则有230平方米。正门设在北墙正中，东、西墙正中各开侧门与檐廊相通。室内前部正中设有大灶台，后部左右两侧有顶梁大柱，四周墙壁还有粗大的附墙柱。地面表层光滑坚硬，与F400地面一样是经过特殊加工和处理的。室内出土了汉白玉权杖头和陶祖各一件，这是两项具有标志意义的重大发现，因为前者是身份与权力的象征，后者则是男性生殖崇拜的体现。这座建筑在3座大型建筑中是室内面积最大的建筑，其等级高于F400。"无论其规模布局，还是工艺技术，均为史前建筑的代表性建筑。它显然不是一般的生活住宅或首领住宅，应为大地湾史前部落的公共活动场所，即举行盛大活动的大会堂。"[①]

F901在3座大房子中是整体建筑面积最大，结构最为复杂的多间复合式建筑，也是我国新石器时代考古发现中迄今所见规模最大、最为宏伟的宫殿建筑。它为平地起建、坐北面南的长方形建筑，以主室为中心，东、西扩展出与主室联通的两个侧室，左右对称。主室两侧墙向后延伸，形成后室；主室前又有附属建筑，前后呼应。"布局井然有序、主次分明，形成一个结构复杂、布局严谨的建筑群体。"[②]

F901主体建筑主室东西长16米，南北宽8米，面积约131平方米。室内顶梁大木柱2个，左右对称分布于主室中后部，与前壁所开左右两个旁门相对。由于大木柱在室内偏北处，故在两柱与南墙之间分别增设3个小柱发挥辅助支撑作用。室内前后壁各有均匀分布的8个附壁柱，紧贴东、西墙外侧有室外附墙柱西墙4个，东墙3个，柱下多有柱础石。四面墙壁为木骨泥墙，木骨柱共142个，分布较均匀，墙体厚约45厘米，不承重，建墙时先栽木柱，缚以竹片、树枝编成的篱笆，分三层再加若干小层，分层筑造，各大小层之间填充草泥，足见建造者为了增加墙体的坚固

---

① 甘肃省文物考古研究所《秦安大地湾新石器时代遗址发掘报告》（上），文物出版社2006年版，第402页。

② 同上，第415页。

性不遗余力。在主室西南角和东南角墙内各有角柱1个。墙内壁表面涂一层料礓石粉水泥，坚硬光滑，呈青灰色。屋顶的椽既有方形也有圆形，椽间距3~5厘米，共用椽约300根。由此以中心顶梁柱、附墙柱、主梁、边梁、椽等相互支撑连接，组合构成主室的木结构体系。

主室开有5门，室前南墙正中为正门，内窄外宽，宽约一米有余，门两侧墙壁加厚至75厘米，门外设方形门垛，门道形成一条浅平的凹槽。正门两侧对称各开一旁门，旁门的外侧各开一个窗户。室内东、西墙偏后部各开一侧门通向两侧室。室内中部靠前与正门相对处有一直径超过2米的圆形大灶台，灶台表面坚硬光滑。主门外两侧有草泥土墙，内包14个壁柱，以支撑门蓬。室内地面平整坚硬，做工考究，呈光亮的青黑色。材料与四壁墙面一样，为料礓石原料水泥。经测试，其硬度与现代100号矾土水泥砂浆地面相当，抗压强度为每平方厘米120公斤。这比罗马人制作的火山灰与石灰混合物水泥，整整早了两千年。地面表层下是厚10~20厘米的砂粒、小石子和"人造轻骨料"组成的混合层，第三层是草泥烧土块层，再下面是经夯实的平整黄土地基。由料礓石烧制而成的人造轻骨料具有抗压、防潮和保温作用。料礓石水泥的发明和使用，无疑是中国和世界上最早的水泥，也是人类建筑史上的奇迹。

主室的左、右、前、后的附属建筑都是整体建筑的一部分。主室左、右的东、西侧室是主室建成以后续建的，两侧室的长度与主室进深一致，宽不足4米，地面稍高于主室，为经夯实的较平整黄土硬面。东侧室的结构和复原面积与西侧室相同，有近二分之一居住面被断崖破坏。主室后面为后室，东、西墙由主室东、西墙延伸，北墙仅残留0.4米，室内南北宽不足4米，居住面为黄色夯土硬面，地面稍低于主室，居住面上发现27个小柱洞。主室前面正门上有门蓬，再前面路面上有东西向横列的两排柱洞，柱洞前有一排青石板。由此说明，这是一处附属于主室的具有特殊用途的门前附属建筑。附属建筑前是一个近千平方米的广场。

值得注意的是，在F901各室内发现器物31件，其中，陶器26件，石器5件。这些器具比较独特，生活用具和生产用具基本不见，陶器多瓮、缸、罐，也有鼎和钵，最特殊的是两件簸箕形器和条形盘。石器有研磨石、砥磨石、石刀等。无论石器还是陶器形制比较罕见，有人认为陶器中有一组量具，它们的容积存在倍数关系，即簸箕形器容积是铲形抄的2倍，铲形抄是条形盘的10倍，四把深腹罐是铲形抄的10倍。另外还出土了几件骨质匕形器，上面有等距离刻度。这是迄今发现的我国最早的度量器实物，为中国度量衡制度史书写了意义深远的第一页。① 量具和储藏器的存在说明这里也可能具有贮藏分配公用粮食的功能。

大地湾F901出土的簸箕形陶器、陶鼎、条形器等特殊型陶器

不难看出，F901是一个规模宏大，主次分明，工程浩繁，规划严密，设计精巧，功能多样的建筑群。修建这样一座建筑，从规划设计、选材备料到建设施工和装修布置，是一个涉及社会各方面力量的系统工程，既需要大量人力物力和搬运能力，也需要相应的建筑水平和多工序、多环节的协同配合，需要成千上万的人力付出艰辛劳动和聪明智慧，至少需要动员一个或几个部落的力量共同完成。从建筑大而多用的空间，特殊的器物，门前广场等综合分析，这绝不是一般的生活用房，"它应是部落或部落联盟

---

① 刘光华主编，祝中熹著《甘肃通史》第1册，甘肃人民出版社2009年版，第77页。

的公共活动场所,用于集会、祭祀或举行某种宗教仪式,换言之,它是大地湾乃至清水河沿岸原始部落的公共活动中心——一座宏伟而庄严的部落会堂。"① 这一建筑也是中国传统前堂后室、两侧厢房格局的最早雏形,也是宫殿式建筑的典型标本。可见,早在五千年前的甘肃渭河流域黄土高坡,一个原生型文明的酋邦国家,随着大地湾遗址及其 F901 大房子的发现而为世人所知。

### 3. 中国最早的原始地画

艺术源于生活,人们对于美的追求和艺术的创造,几乎是与生俱来的,随着原始经济文化的发展,原始艺术也随之产生。在大地湾四期丰富多彩的文化遗存中,还有一座房址备受学术界和社会各界关注,那就是位于遗址东南部的 F411,它以发现迄今所知我国年代最早的室内绘画作品而著称于世,这对于探究中国原始艺术与绘画的起源,具有重要意义。

F411 属于平地起建的长方形小房子,面积约 28 平方米,著名地画就绘于室内靠近后墙的中部白灰居住面上,从地面有长久踩踏和污渍但地画比较洁净可知,地画是具有特殊用途而被有意保护的。地画为炭黑颜料绘制,画面东西长约 1.2 米、南北宽约 1.1 米,画面可分为上下两个部分,上部绘有 3 个人,右边一人因残损过甚形象已难以辨认;中间一人高约 32.5 厘米,宽约 18.5 厘米,头部模糊不清,似长发飘散,肩部宽平,左手上举搭于头部,右手抬起小臂至腰部,手持棍棒类器物,两腿交叉似行走或跳舞状。左边一人与中间一人相距 18 厘米,高约 34.5 厘米,宽约 13 厘米,头部接近圆形,细颈,胸部略突出,腰部较细,肩部左高右低,右手与中间一人一样上举

---

① 甘肃省文物考古研究所《秦安大地湾新石器时代遗址发掘报告》(上),文物出版社 2006 年版,第 427 页。

至头部，右手下垂并手持棍棒类器物，棍棒比前一人所持棍棒细小，两腿亦做小幅交叉行走或舞蹈状，左腿下端已残缺。画面下方12厘米处绘有一长方形方框，长56厘米、宽14~15厘米，方框内绘有一字排开

大地湾F411出土的中国最早的地画

的两个动物或虫类，头皆在左，躯干长条形有斑纹，有触角多腿有尾，其中右边一只细长多足，左边一只短粗且足也少于右方。在左边人物脚下左前方也有炭迹，但无法确定其形象。

由于地画已经残缺，加之画面内容不甚明晰，所以学界对地画意义的认识不太一致。有人认为地画主题反映的是祖神崇拜和图腾崇拜，画面上方的人物为祖神，下部方框内的动物是献给祖神的牺牲，或者是氏族动物崇拜的形象。有人认为画面显示的是巫术活动的内容，上方人物为巫师，所持器物为法器，下部方框内是鬼神象征物，画面反映的是施法驱邪的巫术仪式。也有人认为地画主题是生殖崇拜，上方人物手持物是夸张了的阳具，下方框内是侧卧的裸体女性，画面反映的是男女交合前的舞蹈场景。还有人认为地画描绘的是先民们狩猎的场面，上方人物为猎手，手持棍棒追赶猎物，下部方框为捕猎的陷阱，框内动物是被追赶而落入陷阱的猎物。

以上对于地画的解释，虽然角度不同，内容各异，但都是试图从不同侧面揭示远古社会及其文化生活的信息。实际上即使在原始经济文化已经相当发达的大地湾四期，狩猎仍然在人们生活中占有一定地位，所以地画

所反映的既是一种狩猎场面，也是一种巫术活动，也就是史前社会最常见的巫术交感表现形式。当时的先民们认为世间万物的运动变化都受制于一种不可抗拒的神秘力量，而事物之间又相互感应，结果可以影响原因，通过模仿和再现狩猎场景，可以达到巫术施行者所希望达到的目的，即再次狩猎的成功。[①]因此，地画的本意并非出于艺术和审美创作，而是基于生存需要的宗教表达。

尽管地画作品虽非出于艺术需要进行的创作，但毋容置疑它是中国目前所见最早的绘画，仍然具有重要的标志性意义。而且，大地湾人还在陶器制作中进行人形器、人面器的雕塑和创作，还有彩陶的发明与彩绘艺术的进步，都从不同侧面显示了这一时代早期艺术多方面的成就。

### 4. 中国最早的防火设施

自然灾害、疫病和火灾，是远古人类面临的最大生存威胁，而趋利避害、防患于未然也是人类在生存和进化过程中与生俱来的能力。大地湾四期文化时期在房屋建筑的设计和修建中，对于建筑防火就高度重视，创造性发明了室内木柱外包草泥土等防火技术。

远古人类生活离不开火，但苦于没有方便的引火材料，只能采取保存火种的办法来保证用火。所以，那时几乎所有的房子都有灶台或存火罐来保留火种。但是，火种易引发失火和火灾，因此，大地湾人为了防火，便在长期生活生产实践中发明了对室内木柱外裹草泥土的办法，提高房屋的防火功能。我们从大地湾四期三个大型建筑的防火设置就能清楚地看到这一点。

F400室内有梁柱8个，从保留于的柱洞可知，每个柱子都有草泥防护

---

① 刘光华主编，祝中熹著《甘肃通史》第1册，甘肃人民出版社2009年版，第79页。

层，防护层由三层构成，厚约 7 厘米左右；房子四周墙体发现 13 个附墙柱，它们一半在墙内，一半在室内，发现 3 个柱子有柱外草泥土防护层。该房室内有大灶台，还有壁炉。所以，防火对于确保房子的安全极为重要，但恰恰 F400 大房子最后毁于失火。经发掘解剖，该房子地面下的夯土和生土均呈红色，特别是中部红色最厚，达 40 厘米。房子的内外墙草泥也呈红色，而且外墙柱洞中还有木骨的炭灰，以及塌落堆积的大量黑灰和木炭块等。根据地面、墙壁残存泥土均呈红色推测，房子因失火而废弃。

F405 室内两个大型圆柱、内墙的附墙柱都有草泥防护层，具体与 F400 相类，所不同的是在防护层外表皮为又增加了半厘米厚的料礓石质光面，增加了硬度，也无疑提高了耐火性。这座建筑室外东西两侧有回廊，但廊柱因在室外却没有草泥防护层。发掘解剖发现，室内外堆积较厚的红烧土，主要为屋顶、墙体附墙柱防护层。因经火烧烤，居住面表层下的混合层颜色发红，其下的夯土和生土均被烧成红色，最大烧红深度达半米。墙体为草泥墙，大多呈红色，也有黑色、白色，不均匀。从墙有裂纹和大立柱倾斜看，发掘者认为是地震造成房屋倒塌，继而又引起失火而废弃。

F901 大房子两个中心顶梁柱、室内 16 个附墙柱都有防护层，防护处理与 F405 一致。室外 7 个附墙柱均无泥皮防护层。经发掘发现，室内地面上有大量烧土块堆积，系屋顶塌落所致，大多呈红色，也有黄色、白色土块；墙体大多呈红色，也有黑色墙皮；柱洞底部多有炭灰或炭

大地湾 F901 水泥地面及中心顶梁柱柱洞

块，个别柱洞内壁因高温烧烤已成釉质硬壁。这些情况说明，F901大房子还是由于失火导致建筑焚毁废弃。

从上述信息可以明确以下几点，一是大地湾人发明的室内木柱涂裹草泥土的技术，主要功能就是为了防火，F405室外回廊柱、F901主室门前辅助建筑物木柱没有防护层，清楚地表明此项技术的防火功能。此外，大地湾人对门、灶台的设计布局上也增加了防火保护层。除了室内露木柱、门等都经草泥土涂裹防火之外，F901大房子还有大口径陶缸，其用途就是为了防火而专门盛水的，这就大大增强了建筑物的防火能力。大地湾木柱涂泥和陶缸盛水等防火技术的出现，将中国建筑防火的历史提前了2000年。①

二是大地湾人的防火防护层技术工艺考究。从已知木柱防护层工艺来看，已形成一整套涂裹流程。具体包括泥土、草、绑扎、涂抹、料礓石水泥、表面处理等环节，而且每个木柱要经三到五次涂裹才能完成。这无疑是他们在长期的建筑实践和防火技术改进的摸索中逐步积累的成功经验，也成为建筑工艺不可缺少的组成部分。

三是大地湾三座大型殿堂式建筑，作为部落或部落联盟的公共活动场所，必然受到高度重视和严密保护，但却均因失火导致废弃，说明火灾在新石器时代人类定居生活和聚落活动中是最大的生存威胁之一，往往可以导致一个部落的衰落或消失。大地湾大型建筑尽管有严密的防火体系，仍难以摆脱火灾的毁灭性破坏，就是典型例证。

---

① 李采芹《消防史上的奇迹——大地湾大型建筑遗址的发现把我国建筑防火的历史提前2000多年》，《甘肃消防》1994年第5期。

## 二、绚丽彩陶甲天下

中国最早的彩陶出土于天水大地湾遗址第一期文化层，彩陶文化中经大地湾二至四期的发展，包括石岭下类型的典型性过渡，进入马家窑文化时期达到高峰，此后的齐家文化时期彩陶开始衰落，最终被青铜文化所代替。从大地湾文化、仰韶类型文化、马家窑文化到齐家文化、四坝文化和辛店文化、寺洼文化，在长达 5000 年的彩陶艺术演化中，陇右地区是世界上彩陶演变发展脉络清晰，延续时间最长，分布面积最广，数量最多，造型最为独特，色彩最为绚丽，纹饰最为精美的地区，也是中国彩陶由起源、发展、繁盛再到衰落和被超越这一演进过程最完整的地区，代表着中国彩陶艺术的最高成就，达到了世界彩陶艺术的巅峰。这为我们认识中华先民一步步超越自我，开创文明，提供了清晰的线索和重要的视角。为揭示中华文明的起源和形成，提供了有力佐证。

### 1. 承前启后的石岭下和常山下层文化

甘肃史前文化发展的序列清晰而完整，但是面对不同阶段、不同名称的文化，人们也容易对它们之间的演化关系产生疑问，实际上在两种文化之间往往会有过渡类型的文化存在。在甘肃仰韶时代之后有两个重要的过渡类型不能不提，一个是石岭下类型，一个是常山下层类型。前者是仰韶文化庙底沟类型向马家窑文化发展的过渡类型；后者是与马家窑文化并行发展为齐家文化的过渡类型。它们分别在马家窑文化和齐家文化的孕育兴起中发挥了重要作用。下面分别作一简单介绍。

石岭下类型因 1947 年首次在今武山城关镇石岭下村发现而得名。已发现的该类型遗址分布于渭河流域、西汉水、洮河流域，甚至到青海的东北部一带，其中心区域在今天水武山一带，主要有天水师赵村、西山坪、罗家沟、甘谷灰地儿、西坪、渭水峪、武山石岭下、付家门，静宁威戎镇，还有青海民和阳洼坡遗址等。其距今年代在 5980—5040 年之间。根据石岭下、师赵村、西山坪等多处遗址发掘的层位关系，表明石岭下晚于庙底沟类型而早于马家窑类型。

石岭下类型一方面保留了仰韶文化庙底沟类型的特点，如圆点、三角、涡纹彩陶彩绘均脱胎于庙底沟类型；但另一方面，它又包含马家窑类型的文化因素，旋涡纹、变体鸟纹首开马家窑类型同类纹饰之先河。而具有本土特点的喇叭口尖底瓶、喇叭口深腹平底瓶、小口鼓腹壶、双腹罐等为马家窑所继承。陶器颜色以砖红色为主，部分饰有白陶衣，陶质细腻、硬度高，做工精细，烧制技术趋于成熟。陶器主要有碗、瓶、盆、壶、罐等，在纹饰方面先后有圆点型、鱼纹型、鸟纹型、弧线纹、三角纹、蛙纹等，与仰韶文化庙底沟基本相似，但在绘制纹饰方面又有开拓和创新，对彩陶文化走向成熟发挥了重要的促进作用。

石岭下类型的经济发展和社会形态与大地湾三期、师赵村四期基本相似。石岭下类型彩陶在鲵鱼纹、变体鸟纹纹饰和骨卜两个方面具有独特价值。鲵鱼纹纹饰流行于石岭下类型的陶器上，早期鲵鱼纹多为单独纹样，形象写实，呈弯曲状，似在摆动爬行。甘谷县西坪出土的彩陶瓶上的鲵鱼图像，形态逼真，头部似人脸，嘴部有须，只有两足，是人格化的鲵鱼形象。

鲵鱼图像的细部画得比较写实，脸部、足部和身上的网状花纹用细线勾勒而成。武山县傅家门出土的彩陶瓶上的鲵鱼纹，图像已趋于几何形，弯曲的身子概括成月牙状。

付家门发现卜骨的祭祀坑复原图

再到石岭下晚期彩陶上的鲵鱼纹已经几何形化，并成为标志性纹样。鲵鱼类似娃娃鱼，在天水、武山一带至今仍有少量娃娃鱼分布，有人认为鲵鱼纹应是人面蛇身纹，象征伏羲。也有人认为鲵鱼就是龙的形象，或早期的"龙"图。变体鸟纹主要表现鸟首、颈部和羽毛，也出现将鸟纹与鱼纹结合于一体的纹饰。总之，以鲵鱼纹为代表的彩陶纹饰由具象走向抽象，对马家窑文化彩陶产生巨大影响。

在付家门房址和窖穴内发现带有阴刻符号的卜骨五件，材料为羊、猪、牛的肩胛骨，骨料没有钻痕和凿痕，但在骨面则有灼痕，并有阴刻"｜""二""S"等字形符号。这组卜骨是迄今我国发现"最早有刻画符号的卜骨"。与此同时还发现了长方形祭祀坑，有人将占卜和祭祀坑相联系，认为作为早期的占卜和祭祀就是一种祈福活动。它无疑是当时人们宗教观念和祭祀仪式等精神文化生活的具体反映。

总之，来源于仰韶中期庙底沟类型又具有自身特点的石岭下类型，上承仰韶文化，下启马家窑文化，是甘肃远古文化序列中一个主要的过渡类型。

常山下层类型1978年发现于甘肃省庆阳市镇原县城西的常山村，故名。

该文化开始于距今4900年，核心区域分布在甘肃东部的泾渭河上游和宁夏南部。在这一地理范围内，常山下层文化上承仰韶晚期，与马家窑文化并行存在，并逐渐融合演变为齐家文化。典型遗址有镇原常山、宁夏海原菜园、切刀把墓地、瓦罐嘴墓地、林子梁遗址、固原店河和大地湾第五期文化等。

常山下层文化遗存发现的房址形制特殊，由住室、门洞和坑道组成。住室是一个口小底大圆袋形土坑，门洞为拱形顶，通往屋外的道路是斜坡竖井坑道。屋内环筑"白灰面"式草拌泥，但地坪用火烤过。估计是平顶住室，坑道有人字形小棚，它实际上是属于一种窑洞式的房子，这可能就是陕甘黄土高原长期盛行窑洞居址的源头。经济生活大概以农业为主，石斧、石刀和陶刀是当时最主要的农业生产工具。这里首次发现使用泥坯烧制的陶刀，据专家分析，也许是当时农业发达，刀的需用量较大的一种反映，同时出土的小石刀，是利用扁平三角形小砾石磨刃而成，具有浓厚的细石器工具遗风。

常山下层文化有其独特的陶器群，陶胎较厚，泥质陶居多，夹砂陶罕见，所夹砂粒较粗。陶色以橙黄陶为主，制法以泥条盘筑法为主，泥条较粗。常山下层文化陶器富有特色的纹饰是绳纹、篮纹和红彩，平底器为主，器形有鬲、盉、平底甑、斜耳罐、双耳罐、单耳罐、单耳杯、陶盆等。

秦安大地湾五期文化也属于常山下层文化，其房屋均为平地起建的白灰面建筑，平面呈"凸"字形，盛行台式灶。房址形制与大地湾四期一脉相承。陶器以敛口钵、平底碗、平沿盆、浅腹平底盘、小口鼓腹壶、直口罐、侈口罐、桶腹罐、单耳罐、尖底瓶、鼎、束腰器座等主要器群，其中的盆、钵、尖底瓶、壶、罐、器座等与四期同类器一脉相承。这说明常山下层文化与四期文化亦即仰韶文化晚期存在承袭发展的内在联系。

本期陶器的纹饰有绳纹、附加堆纹、蓝纹、弦纹、方格纹、压印纹和泥饰附件等，其中绳纹最常见，附加堆纹、蓝纹也较常见。在一件陶器上使用多条附加堆纹，较多使用竖行及交叉绳纹以及横蓝纹，是其纹饰的最显著特点。陶器大多使用纹饰，泥质陶使用纹饰比例较前增多，也是本期纹饰的一个特点。

如果把镇原常山、秦安大地湾五期文化作为泾河与渭河流域本期文化代表的话，从上述两个文化遗址的房址和陶器的特点中，可以清楚地看到，两者因环境不同虽居址有差异，但陶器的整体面貌则基本相同，属于同一文化类型。这一文化类型的发现，为揭示甘肃东部仰韶文化的发展方向和随之兴起的齐家文化的渊源，提供了重要线索和宝贵资料。

### 2. 马家窑文化的发现与命名

1924年瑞典地质学家安特生首次在甘肃临洮县马家窑村发现，故名。这一发现，开启了甘肃和中国彩陶考古的先声。

早在1921年10月21日至12月1日，北洋政府农商部矿政司顾问、瑞典籍地质学家安特生（1874—1960年）前往曾有古生物化石和"龙骨"、石器发现的河南省渑池县仰韶村进行考古挖掘。在这里，安特生首次发现了一批精美的彩陶，这是中国也是亚洲地区第一次发现新石器时代的文化遗存，因而具有重要的标志性意义。随后，安特生又对其文化性质进行了初步研究，并首次提出了"仰韶文化"的命名。

仰韶文化的发现令安特生欣喜若狂，他深信在中国还能找到比仰韶文化更早的古文化，并认为中国更早的古文化应该在黄河上游。为了寻找仰韶文化的来源，1923年6月21日安特生考察团抵达兰州，历经一年多的时间，他们走遍甘肃大部分地区和青海湟水谷地，共发现50多处新石器时代和青铜时代文化遗址，发现了多种类型的文化遗存和丰富的彩陶。就标志性遗址而言，他们先后在临洮县发现辛店遗址、马家窑遗址和寺洼山遗址，在广河县发现齐家坪遗址，在和政县发现半山遗址和马厂塬遗址，在民勤县发现沙井村遗址。1925年安特生回到瑞典后，他将这次的考古发掘成果整理成《甘肃考古记》发表，书中将所发现的遗址分为六期，前三期是齐家文化期、仰韶（即马家窑）文化期、马厂文化期，它们是新石器时代晚期的文化类型；后三期为辛店文化期、寺洼文化期和沙井文化期，它们是青铜时代初期的文化。他认为上述遗址出土的彩陶，并不是中华先民的创造，其故乡在中亚和西亚地区，由此得出"中国文化西来说"的结论。

  安特生在对西北地区的考古发掘和初步研究，对西北乃至中国新石器时代考古都具有开创之功，但他对甘肃古文化的分期存在失误，对中国文化起源的结论则是错误的。中国学者尹达就指出安特生的文化分期有重新估计的必要。1944年中国西北科学考察团成员夏鼐等学者来到兰州，开始了一年多在甘肃、青海等地的史前遗址考察。他们先后在兰州、临洮、广河、民勤、张掖等地进行广泛考察和重点发掘。在临洮寺洼山发现马家窑式彩陶早于寺洼文化的证据；在广河阳洼湾齐家墓葬区的发掘，第一次从地层上发现了马家窑文化早于齐家文化，澄清了安特生在考古发掘过程中所犯的层位颠倒的错误，他指出甘肃地区史前文化正确的时间顺序应当是仰韶文化、马厂文化、齐家文化，后面的辛店、寺洼、沙井文化已进入青铜时代。1949年夏鼐先生首次提出马家窑文化的命名。

  1949年前，还有裴文中、黄文弼、

马家窑遗址全景

贾兰坡等学者在甘青地区开展的考察和发掘工作，对各期文化遗址有了进一步的发现，同时加深了对其文化面貌的了解，为确认马家窑文化性质和年代奠定了初步基础。中华人民共和国成立后，经过多次、大范围的深入调查和发掘，大量马家窑文化和其他各类型文化遗存的基本特征、文化内涵及其相互关系等，通过考古学家的研究和揭示，进一步清晰起来。特别是在20世纪七八十年代以来，对一些重点、大型遗址的发掘和研究，如广河县地巴坪、永昌鸳鸯池、永登蒋家坪、景泰张家台、兰州花寨子、土谷台、下海石、东乡林家、康乐边家林、天水师赵村、西山坪、武山傅家门，青海大通上孙家寨、民和核桃庄、阳洼坡、阳山、乐都柳湾、循化呼撒、同德宗日，宁夏海源曹洼等遗址的发掘，不仅为确认甘肃地区远古文化从仰韶到马家窑再到齐家文化的演进提供了充足的材料和年代标尺，确认马家窑文化晚于仰韶文化，具有浓烈的地方文化特色，而且揭示了马家窑文化具体包括马家窑类型、半山类型和马厂类型三个阶段，马家窑文化主要由大地湾晚期文化发展而来。

马家窑文化的发现和确认，具有重要的意义。首先它在甘肃新石器时代文化发展中具有承上启下的作用，甘肃古文化从大地湾文化兴起，经师赵村文化发展为大地湾二至四期文化，马家窑文化上接大地湾四期文化，又下启齐家文化，并且成为具有地方特色的新石器时代晚期文化。其次，这一文化分布范围空前广泛，如果说甘肃境内仰韶时代的文化主要分布于东部渭河上游、西汉水流域和泾水流域的话，则甘肃中部洮河流域、大夏河流域、黄河兰州段，包括青海湟水流域是马家窑文化的核心分布区，并波及东、西部不少地方。如此分布广泛、遗址众多的具有地方特色的文化，对于揭示甘肃地域文化的发展和土著民族的来源极为重要。再次是马家窑文化最具冲击力的文化表现是彩陶艺术的大放光彩，是马家窑先民根植甘青高原黄土地和黄河、洮河创造的艺术奇葩。

### 3. 特色鲜明的马家窑文化

马家窑文化年代约为距今5300—4000年。到目前为止，调查发现的马家窑遗址有300余处。传统认为马家窑文化是仰韶文化庙底沟类型西渐过程中，在黄河上游甘青地区与当地原已存在的经营采集、狩猎或畜牧的人们进一步接触而产生、发展的一种全新文化。[①] 而新的研究进一步揭示它是深受大地湾四期文化影响发展而来的具有地方特色的文化。

马家窑文化最具特色的是彩陶，其陶器制作以泥条盘筑为主；彩陶以橙黄泥质陶为主，陶质细腻，打磨光滑，彩陶中内彩发达。纹饰多为黑彩，也有黑、红两色相间的线条。常见纹饰有漩涡纹、水波纹、蛙纹、舞蹈纹、锯齿纹、葫芦纹、四大圆圈纹、折线纹等。器形继承了仰韶文化的钵、曲腹盆、尖底瓶，典型器形有壶、瓶、盆、钵、罐等。马家窑文化的彩陶，器型种类丰富，纹饰富于变化，创造了中国和世界彩陶发展史的最高峰。

在马家窑文化前后延续千年之久的发展中，先后经历了马家窑类型、

马家窑类型旋涡纹尖底彩陶瓶、变体蛙纹彩陶壶和鱼纹彩陶瓮

---

① 国家文物局主编《中国文物地图集·甘肃分册》（上），测绘出版社2011年版，第100页

| 华丽绽放的农业文明 |

半山类型菱形圆点纹、旋涡纹彩陶罐和旋涡纹双耳彩陶壶

半山类型和马厂类型三个阶段,分别代表该文化的早、中、晚三个发展时期。

马家窑类型距今5300年至4700年,其分布西起武威,东到陇山。在这一大片区域内,马家窑文化又可分为西坡坬、雁儿湾和王保保城三期。彩陶以泥条盘筑为主,多为细泥红陶,亦有少量夹砂陶。器表打磨光滑、质地坚硬,多绘黑彩。典型器形有壶、瓶、盆、盘,罐,盘,其中侈口长颈双耳彩陶壶、敛口平底彩陶钵、卷唇曲腹彩陶盆、小口长颈瓶颇具特征。壶、罐、瓶等一般大型器物多腹部以上绘彩,少量器物通体绘彩。盆、钵类器物多里外均绘彩。常见纹饰有漩涡纹、条纹、水波纹、蛙纹,纹饰线条流畅、构图匀称。

半山类型距今约4600年—4300年之间,主要遗址有地巴坪和花寨子等,分布地域西达河湟地区,东抵会宁、定西、陇西一线。在陇东地区发现本类型陶器与类似常山下层遗存共存现象。陶器种类与马家窑类型相同,陶器以红陶为主,有少量的灰陶和白陶,以带耳罐为常见器形。彩陶艺术进入鼎盛时期,彩陶造型美观,图案华丽精美,多以黑红相间的带齿形线条勾画出各种线条为特点。盛行涡形带锯齿纹的四方连续图样,还有饰以旋纹、锯齿纹、菱形花格纹、葫芦网格纹、圆圈网格纹、起伏山川纹、连弧纹等,花纹一般饰于器物上腹。器型丰富多样,饱满凝重,形体比例协调。大型贮藏器壶、瓮、罐等成为半山类型彩陶的主要器型。

马厂类型涡纹彩陶瓮，回纹和神人纹双耳彩陶罐

马厂类型属于马家窑文化晚期类型，其分布西界到达玉门、酒泉一线。马厂类型的彩陶器型大部分脱胎于半山类型，陶器以红陶为主，有少量的灰陶和白陶，种类繁多。彩陶制作不如前期精美，一般陶器较为粗糙，但彩绘方法有了新的发展，出现先施红、白陶衣，再绘花纹的方法。彩陶图案绚丽多彩，图案花纹主要由直线组成，纹样多为人字形、折线、网状三角、网状菱格、回形纹、四大圆圈纹、蛙纹、变体神人纹等。多黑、红两彩，中晚期多施单彩。最具代表性的是单耳带鋬的筒形杯。构图大多粗犷而松散，图案渐趋纷杂而抽象，透出些许神秘威严的味道。

### 4. 美冠世界的彩陶艺术

在世界范围内，原始彩陶艺术最发达、成就最高的地区在中国，而中国彩陶艺术的发源地和最为发达的区域在甘肃，马家窑文化时期的彩陶艺术达到中国和世界彩陶艺术的巅峰。

从彩陶艺术角度来看，马家窑文化彩陶的用彩早期以纯黑彩绘花纹为主；中期使用纯黑彩和黑、红二彩相间绘制花纹；晚期多以黑、红二彩并用绘制花纹。也有白色、褐色彩。

马家窑文化早期马家窑类型的彩陶器型较高，器表打磨精细，黑彩鲜亮线条流畅，各部分的比例匀称。彩陶多采用曲线构图，用笔熟练巧妙，绘画的技术水高。还出现了白彩，白色多填于黑色花纹的空隙或周边，黑白映衬，对比鲜明。彩陶在陶器中占比在20%~50%，彩陶器型丰富多样，纹饰精美，图案明丽。早期多施黑彩，纹饰多旋涡纹、鸟纹和弧边三角纹、弦纹、叶纹等几何纹，大多数为二方连续图案。中期纹饰多为平行线、同心圆、漩纹、水波纹和鸟纹，还新出现了蛙纹、同心圆。晚期纹饰不如中期丰富，绝大多数为几何形花纹。出现以黑色为底留出陶色为纹的阴底旋纹，以四小圆为旋心的二方连续旋纹、大锯齿纹增多。内彩特别发达，多装饰在盆、钵内，以漩涡纹和水波纹为主。最具代表性的几何纹是漩涡纹，多以同心圆为中心组成图案，图案结构巧妙，线条流畅，变化丰富，具有强烈的动感。

马家窑文化中期半山类型制陶业相当发达，器形丰富多样，大型贮藏器壶、瓮、罐等成为半山类型彩陶的主要器型，鸟形壶开始出现。彩陶艺术进入鼎盛时期，彩陶出土量最高达到90%。彩陶造型美观，图案绚丽精美，多以黑红相间的线条勾画出各种图案，纹饰以旋纹、锯齿纹、菱形纹、葫芦纹、菱格纹为主。还有圆形纹、叶形纹、贝形纹、神人纹等。其中非常盛行的锯齿纹是半山类型彩陶的一个最主要特征，纹饰一般绘于器物上腹。早期以黑彩为主，出现了红彩，中期红彩的比例大增，红彩色泽发暗，呈紫红色。大多用黑、红相间的线条绘制图案，一般在器物的口沿内侧绘简单的复线连弧纹或三角纹，口沿外侧绘斜十字纹、波折纹等，颈部绘大三角纹、弦纹、菱格纹等，肩部绘弦纹、锯齿纹。上腹大多为组合图案，主要有旋纹、锯齿纹组合，菱格纹、锯齿

马家窑类型舞蹈纹彩陶盆

半山类型圆圈网纹双耳彩陶壶　　　　　　鸟形彩陶壶

纹组合，葫芦网纹、锯齿纹组合等；最下层以一圈垂弧纹结束整个图案。半山晚期神人纹逐渐增多，面部抽象，有四肢。旋纹、锯齿纹逐渐消失，旋纹演变为四大圆圈纹。旋纹、锯齿纹的消失，成为彩陶文化由繁盛走向衰落的一个重要标志。

　　马家窑文化晚期马厂类型陶器增加了一些新的器型，最具代表性的是单耳带筒状杯。彩陶纹饰以四大圆圈纹、变体神人纹、波折纹、回形纹、卦形纹、菱格纹、三角纹为主，其中四大圆圈纹和变体神人纹为马厂类型最重要的特征。彩陶构图松散。图案趋向简练，表现手法多样，形成了粗犷豪放的艺术风格。彩绘技法也出现了变化，除了黑、红两色相间使用外，出现了在红色宽带纹上再加绘一条黑色窄带纹，到中晚期出现红色陶衣，个别的还有白色陶衣。马厂类型彩陶文化开始走下坡路，虽然彩陶的出土量很大，但器型很不规整，制作粗糙，纹饰简单，已难以同半山期的鼎盛期相比。马厂类型的彩陶上出现了大量的墨绘符号，经统计有150余种，一般绘制在器物的下腹部无纹饰处，常见的有"〇""×""卍""十""一"等形状，这些符号可能是当时一些氏族部落的记号，也可能是工匠的标记，也可能是文字的前身,对研究文字的起源有重要的作用。

马家窑文化彩陶的特点一是线条多样,流畅灵动。无论是同时期马家窑各类型文化彩陶还是其前后不同时期的彩陶,线条是彩绘图案和纹饰最基本最常用的要素。彩绘中有直线、曲线、弧线、斜线、柳叶线,并通过粗、细、长、短、交叉、重叠的变化,再辅之以点、圈、三角、锯齿、象形等纹饰的配合,设计和绘制出千变万化、无穷无尽的纹饰图案,构成了或庄重,或灵动,或简洁,或繁复,或规整,或绚丽,或写实,或抽象,或粗狂,或典雅,气象万千、变幻无穷的艺术风格。线条之流畅,变幻之复杂,线条之细密,图案之繁复,都达到了空前绝后的境界。

二是纹饰和图案变化无穷,绚丽多姿。在马家窑各类型文化中,纹饰就有涡纹、鱼纹、鸟纹、蛙纹、三角纹、卍形纹、漩纹、圆圈纹、锯齿纹、菱形纹、葫芦纹、羽状纹、人头纹、神人纹、变体神人纹、垂弧纹、凸凹纹、回形纹、卦形纹等数十种纹样。这些纹饰可分为几何纹、植物纹、动物纹、象形纹、变体纹、水浪纹等多种模式。由这些种类繁多的纹样相互

马厂类型浮雕人纹彩陶壶

贝叶双耳彩陶罐

结合、组合，再通过线条、纹样串连，加上各种不同的器形，就构成了形式各异、内容不同、风格多样的彩陶图案。图案不同，风格不一的彩陶，表现出各种不同的视觉效果，或传神，或灵动，或明快，或神秘，或疏阔，或细密。以最典型的旋涡纹而言，其动感十足的线条和流动炫目的图案完美结合，犹如洮河、黄河水流裹挟着漩涡、浪花奔腾咆哮而来，极具动感和视觉冲击力。

三是题材广泛，构思奇巧。彩陶上的纹饰、图案，无论题材内容和表现手法与瓷器上的纹饰一样，都强烈地反映着当时人们的审美观念和生活情趣，都有鲜明的时代风格和特点。前面列举的各种纹样，每一种都是先民们基于自己对大自然、动植物、人类生活观察理解和形象化、抽象化、艺术化的表达，题材异常广泛。同样，各种题材、各种纹样、各种图案，又经过富于想象和巧妙的设计，通过连续、穿插、间隔、大小、色彩的变化，将丰盛的图案和饱满的造型有机结合，在表现上或密中有疏，或疏中有密，或以实显虚，虚实相兼，构建出更加有丰富内容与视觉传达的艺术效果和精神追求。当时人们已经掌握以点定位的绘制技术。

四是内涵丰富，是其精神世界和审美意识的抽象化表达。彩绘纹样的出现，一方面是为了满足原始人类的精神需要，另一方面也是人类经过长期社会实践认识自然的产物。各种纹样和图案结构不同，表现各异，多少有别，大小不一，对称与非对称等，其内容和含义也就各不相同。彩陶上的图案纹样有的表达的是氏族部落的文化意识，带有一定的神秘色彩。如神人纹的出现，反映劳动的人形纹饰，体现舞蹈的图案等，都有其特定的内涵和寓意，是他们精神世界和审美意识的生动展现。只不过其内涵和寓意，大多我们今天还无法一一破解。

马家窑文化彩陶既是对大地湾一期和仰韶时代彩陶艺术的继承，又是在以前基础上的推陈出新，更是他们发挥聪明才智进行的创新和超越。马家窑文化彩陶以自具特征的陶器为代表，并以造型别致、制造精美的彩陶而著称于世，其纹饰图案对后世工艺美术、绘画和瓷器图案的风格都带来深刻的影响。马家窑彩陶出土数量之多，器形之多样、纹样之繁复、纹饰之精美、构图之别致、色彩之绚丽罕有其匹，反映了世界彩陶艺术巅峰期的鼎盛风貌。

## 三、农牧文化结硕果

甘肃远古文化经历数千年的发展进步，无论从新石器时代早期的文化肇启，到仰韶时代的全面发展，还是古史体系中从始祖伏羲、女娲创世开天到轩辕黄帝奠基华夏民族，在距今五千年前后，也就是仰韶晚期大地湾四期文化和马家窑文化时期，甘肃先民们创造了多方面的文明成就，从而开始迈向文明时代。

### 1. 五谷齐全"多样化"

甘肃地区原始农业起源甚早，如前所述，早在大地湾一期文化也就是距今8000年前后大地湾人就已经种植黍和油菜籽，进入仰韶文化时代的大地湾二至四期文化时期，无论农业生产工具、窖藏还是粟、黍种植，都较前有了巨大发展，达到成熟的锄耕农业阶段。与此同时，在仰韶晚期和马家窑文化时期的其他遗址、洮河流域及甘肃中部地区，农业种植经济也取得突出的成绩。

如天水地区以西山坪为代表的渭河支流藉河流域原始农业与大地湾四期农业一样，出现了快速发展。通过对西山坪遗址中花粉、农作物种子和植硅石等农业活动生物指标记录的研究，经高精度 AMS$^{14}$C 测年，表明这

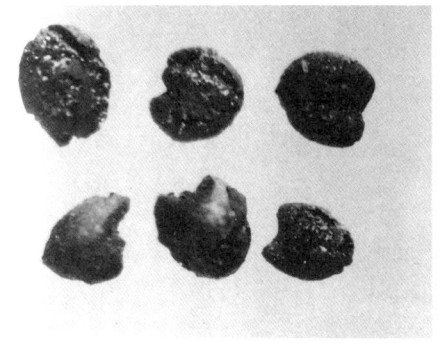

大地湾一期炭化黍标本　　　　　　大地湾二期炭化黍标本

里有包括引进域外作物在内的多种农作物种植。其具体进程是在距今5100年以来，当地的农业活动明显增强；距今5070年出现了中国西北最早的稻作农业遗存；距今4600年左右，针叶林突然消失，而栗树明显扩张，当是先民们选择性砍伐针叶树，保留并栽培栗树的结果；在距今4650—4300年期间种植作物有粟、黍、水稻、小麦、燕麦、青稞、大豆和荞麦等8种粮食作物。[①] 如此丰富的作物种类，基本包括了我国古代北方在明清以前传统作物种植的主要种类。

在洮河流域马家窑类型遗址中，东乡县林家遗址发现的作物有稷、粟和大麻籽，特别是在一个窖穴中竟留有千余斤炭化的稷粒。[②] 从马家窑到齐家文化阶段，多有粟粒的大量发现，如永靖大何庄齐家文化遗址出土的陶罐中，储藏有不少的粟。[③] 在陇中一隅之地，竟有黍、稷、粟、油菜籽、大麻籽等如此之多的作物品种发现，实属罕见。

农业生产离不开生产工具，在大地湾一期文化层中有石质砍砸器、石

---

[①] 李小强等《甘肃西山坪遗址生物指标记录的中国最早的农业多样化》，中国科学D辑《地球科学》，2007第37卷第71期，934~940页。

[②] 《甘肃东乡林家遗址发掘报告》，《考古学集刊》1984年第4期。

[③] 王吉怀《甘肃史前文化及其研究》，《西北史地》1989年第2期。

大地湾二期陶刀

刀、石斧、石铲等工具出土。进入大地湾晚期（距今约5000年前），石斧、石刀、石锄、石铲、石镰以及陶刀等农业工具已占生产工具的主体，钻孔技术已普遍使用。贮藏物品的大袋形窖穴、大型陶瓮、缸、罐等大量出现。此后的马家窑、齐家文化的众多遗址中，几乎均有种类大致相同，数量不等的各种农业生产工具。特别值得一提的是粮食加工工具，天水大地湾、西山坪、师赵村、观儿下遗址有石研磨器，兰州西坡坬有磨盘、磨棒出土；[①] 林家遗址则有石质杵、锤、研磨器、磨谷器发现，在发现的3000多件遗物中，生产生活用具就有2000余件之多，贮藏用窖穴数量很多。窖穴之多、容积之大、作物种类之多，表明农业生产力水平的提高不仅表现在锄耕农业的进一步发展，而且人们在驯化、培育作物的过程中，空前拓展了农业经济的领域。类似林家遗址这样的典型农业经济发达的原始村落，在马家窑至齐家文化阶段已很普遍。作物的驯化、工具的增多与改进、

大地湾四期石斧和石锛

---

① 甘肃省博物馆《甘肃兰州西坡坬发掘简报》，《考古》1960年第9期。

贮存用具的广泛使用和粮食加工用具的出现，是农业进一步发展的标志。

不难看出，在仰韶晚期即大地湾四期文化至马家窑文化时期，也就是距今5000年前后，甘肃地区农业文明经济的巨大进步，为甘肃先民进入文明时代奠定了雄厚的物质基础。而且，尤为重要的是不仅中国传统所说的"五谷"即粟、黍、麦、稻、菽（大豆）在甘肃均有种植，而且，西山坪八种农作物栽培的事实表明，中国最早的农业多样化基地就形成于天水地区。可以毫不夸大地说，甘肃是中国北方旱作农业的重要起源地，对于揭示中国农业文明的起源与发展，具有重要意义。

### 2. 六畜咸备牧业兴

渭河流域天水地区在原始农业发展的同时，原始饲养业也发展起来。在原始经济中，饲养业与狩猎密切相关，而从甘肃大部分新石器时代遗存可知，狩猎业即使在仰韶时期这一农业已经相当发达的时代，仍然占有很重要地位，这一方面表明当时甘肃地区的自然环境和植被条件优良，野生动物数量丰富。另一方面，狩猎业也为在食物充足前提下发展饲养畜牧业提供了便利。

综合大地湾、西山坪各遗址出土动物骨骼，经化验分析发现的动物计有猕猴、兔子、红白鼯鼠、仓鼠、中华鼢鼠、中华竹鼠、白腹鼠、鼠、狗、豺、貉、棕熊、黑熊、虎、豹、豹猫、象、马、苏门犀、苏门羚、家猪、野猪、麝、獐、狍、梅花鹿、鹿、马鹿、黄牛、盘羊、羚羊、狸、鸡、龟和软体动物短褶矛蚌、劳斯珍珠蚌、圆顶珠蚌、中华圆田螺等数十种。[①]这些动物越

---

① 参见甘肃省文物考古研究所《秦安大地湾新石器时代遗址发掘报告》，文物出版社2006年版（下），第861~910页；中国社会科学院考古研究所《师赵村与西山坪》，中国大百科全书出版社1999年版，第335~339页。

往后期驯化类动物数量越多，尤以猪的骨骼为多。从大地湾一期开始，猪骨都有大量发现，且越到后期数量占比越高，达到80%以上，其年龄大致以13~18和19~24个月的为主，很明显是饲养宰杀的结果，则表明当地很早就有了饲养业和畜牧业，特别是在距今8220年前就有了家鸡的驯养，为我国最早的记录。①在大地湾遗址发现马骨2件，也有以马骨为材料制作的骨器。在西山坪、师赵村马家窑文化时期，也都发现了马的上前臼齿各一颗。这为探究中国马的驯化提供了珍贵资料。

在秦魏家与大何庄墓葬中，随葬猪的下颚骨不仅普遍，而且数量很多。如秦魏家6号墓就有68块。②除猪以外，兰州西坡圿遗址出土有牛、羊、猪、狗、鸡、鹿等骨骼。③林家遗址中则牛、羊、猪、狗、鸡骨也一应俱全；④大何庄遗址除鸡之外，马、牛、羊、猪、狗都有发现。此外，有关个别牲畜骨骸的发现，在各遗址中更为普遍。

可见，在农业起源的同时，甘肃地区的畜牧业也随之出现，不仅"六畜"俱全，具有综合发展的优势，而且，由此也证明甘肃地区是中国畜牧业的重要起源地。

### 3. 手工作坊生产忙

从仰韶文化到马家窑文化时期，随着经济发展、社会进步，作为其标志的社会分工也更为复杂化，尤其是在生产部门，除了前面已经介绍的农业、饲养畜牧业之外，至少还有建筑业、制陶业、纺织业、工具制造业、

---

① 《师赵村与西山坪》，中国大百科全书出版社1999年版，第319页。
② 王吉怀《甘肃史前文化及其研究》，《西北史地》1989年第2期。
③ 甘肃省博物馆《甘肃兰州西坡圿发掘简报》，《考古》1960年第9期。
④ 戴春阳《试论马家窑文化的渊源及有关问题》，《西北史地》1988年第3期。

狩猎业、缝纫、皮革加工、植物编制等。

自从人类告别了茹毛饮血、野处穴居之后，修房建屋总是和人类的定居生活紧密相连。无论从大地湾一期文化到四期文化，还是马家窑各类型文化，房屋建造及其技术的改进，始终同社会发展相同步。大地湾遗址从一期的半地穴窝棚圆形小屋到有墙有窗的方形房屋，再到平地起建和大型宫殿建筑的出现，是建筑业存在并不断进步的典型体现。众多的马家窑文化遗址聚落从几千平方米到20多万平方米不等，从已发掘遗址提供的材料可知，房屋多为浅半地穴式，也有平地起建，房址有圆形、方形、长方形、吕字形，也有双间、多间相套的、窑洞式的等。方形、长方形房屋面积较大，通常在10~50平方米之间。其建筑业发展与大地湾遗址相仿。安居才能乐业，从房址选址、地基处理、材料加工、运输、架梁盖屋到建筑设计、地面处理、墙面和防火层处理、装修等，既需要专门人力，更需要具备一定技术，所以，专业化的建筑业发展是原始物质文明重要的基础之一。

陶器制作是史前时代主要的生产部门，也是史前人类最主要的生活用具，他们的炊器、食器、盛水器、储藏器，甚至量器、宗教礼仪用器、装饰品、随葬品，还有部分生产工具，在青铜器出现之前，都是由陶器来承担的，也就是说不仅需求广，而且用量大，他们的生活时刻离不开陶器。而陶器制作涉及材料准备、制陶工具、陶器制作、陶器修理、彩绘、建造陶窑、陶器烧制等多道环节和工艺，非能工巧匠难以胜任。从大地湾最早的彩陶和简单的器

大地湾遗址出土陶纺轮

类到马家窑时期器类的多种多样,还有彩陶艺术臻于化境,从一个侧面反映了这一重要手工业部门的快速发展。

工具制造包括生产工具、狩猎工具、建筑工具、制陶工具、生活用具等多种类型,最具有代表性的是生产工具的制造。从大地湾到马家窑遗址,生产工具主要以石器为主,其次是骨器和少量陶制工具,包括无法留存的木器,还有工艺品等,这是史前人类生产、生活、狩猎、宗教祭祀等活动必不可少的用具,尤其是作物种植与农业经济的发展进步直接决定于工具的改进和发明。仰韶时代的大地湾人磨制石器工艺日趋精致,已能够熟练使用锯切和钻孔技术,翻地松土工具有石铲、石锄,收割类工具有穿孔的石刀、石镰和陶镰等,粮食加工工具石杵、磨盘等都普遍出现和大量使用。马家窑文化的生产工具仍以石器为主,骨器次之,也有少量陶器、蚌器和角器,开始出现铜器。磨制石器形制规整,有刀、斧、凿、镰、镞、弹丸、研磨器、杵、臼及网坠、纺纶等。从东乡林家、天水师赵村和西山坪三处遗址出土各类材质工具的统计,生产工具2584件中,刀459件,锛361件,斧274件,说明这些工具是当时的主要工具,而且刀的形制和种类很多。还出现两种材料结合的复合式工具如木柄石斧,工艺精细的石刀骨刀还用黑色粘合剂黏接,这一技术大地湾晚期已经出现,马家窑时期已普遍使用。①

特别值得一提的是在东乡林家遗址马家窑类型房址中出土一

东乡林家遗址出土铜刀

---

① 刘光华主编,祝中熹著《甘肃通史》第1册,甘肃人民出版社2009年版,第82页。

把青铜刀，长12.5厘米、宽2.4厘米，刀体平整而薄厚均匀，柄部有明显安装木把的痕迹。刀系用两块陶范闭合浇筑而成，经鉴定为锡青铜，校正年代距今5000年左右，这是迄今所知我国发现的第一件青铜器，故被学者称为"中华第一刀"。从该遗址所出铜渣得知刀具出自铜锡共生矿，说明当时青铜业尚处于孕生期。[①] 无独有偶，在永登蒋家坪马厂类型遗址中，再次出土一件青铜刀，形制与林家遗址青铜刀近似又有所改进。这说明，甘肃是中国青铜器的故乡。青铜器的出现，预示着划时代意义的青铜时代即将来临。

狩猎业是史前人类最早的行业，即使是到了农业经济很发达的大地湾晚期文化时期，狩猎业也占有相当的地位，这是因为狩猎业既是畜牧饲养业的补充，也是获得肉类食品的辅助渠道。同时，这也是当时甘肃地区气候温暖湿润、环境良好、林茂草盛、河湖较多，水生动物、食草动物和食肉类动物众多，易于捕获的体现。从大地湾、西山坪、师赵村遗址30余种动物骨骼的大量发现完全证实了这一点。

其他如纺织、缝纫、皮革加工和植物编制等生产部门既是工具制造生产部门的一部分，也是相对独立的部门。因为此时的人们早已告别衣不蔽体的阶段，麻类织物的种植，大量兽皮的加工，绳、布包括篮、框等用具的使用等，是这些部门存在的必然反映。

总之，经济发展中生产部门的出现和分化，既是生产进步、经济发展的反映，也是各氏族部落社会分化进一步加剧的体现，预示着文明社会即将到来。

---

[①] 孙淑云、韩汝玢《甘肃早期铜器的发现与冶炼、制造技术的研究》，《文物》1997年第7期。

### 4. 中西交流开新途

探索未知和征服自然，是人类与生俱来的追求。所以，自史前时代以来，人类试图打破天然壁障，跨越高山大海、征服雪域大漠，改变天各一方，寻求沟通交流的探索步伐与精神追求就从来没有停止过。汉武帝时期开通的丝绸之路，历来被看作是中西方之间开始经济文化交流的标志和象征，而实际上，从现有资料可知，早在距今四千年前，中西方之间文化交流就已经开始了。

史前时代的先民们虽然各在一方，距离遥远，相互阻隔，但是并没有因为生产力低下和交通不便而彼此老死不相往来。我们从大地湾一期文化、师赵村一期文化助推仰韶文化兴起中已经可以看到，泾渭流域、甘陕之间的先民们彼此交流、相互影响的存在。到仰韶时代，以陶器和彩陶为例，甘肃地区大地湾文化与中原仰韶类型、庙底沟类型大同而小异，同属一个文化区，就更是相互吸收交融、荟萃发展的典型例证。可见，文明与文化发展从来不是自我封闭的。

在距今四五千年前，甘肃农业文化的发展与交流是更具标志意义的重大事件。在天水渭河流域西山坪遗址发现的水稻是中国位置最西的水稻种植区域，粟、黍、小麦、燕麦、青稞、水稻、大豆、荞麦8种农作物的发现，在中国农业起源和发展史、中西文化交流史上都是具有里程碑意义的事件。这些作物种类中，水稻、粟、黍、大豆、荞麦等都是中国最早驯化的，其中，目前所知，黍在大地湾的发现是中国黍作物最早的驯化记录；水稻是南方驯化的水田作物；粟、大豆当为中原地区所驯化，而荞麦也是在中国的最早发现。这些国产作物除了黍，都来自中原和南方地区，我们虽然限于资料还难以梳理出这些作物交流传播的路线和途径，但各地区互相早有农业文化与技术的传播交流，已是不争的事实。

特别值得引起关注的是人们公认最早被西亚居民驯化成功的小麦、燕麦等麦类作物在西山坪距今4600年前已经种植。这说明中国与西亚、中亚之间的农业文化交流早在距今4600年前已经实现。西亚麦类植物向中国的陆地传播主要有两条，一条是草原路线直接传入中原，另一条是经中亚、新疆等绿洲线路传入西北地区。①由此可见，4000年前中西之间农业文化交流的史实证明，双方的经济联系和文化交流比丝绸之路开辟早了2000年之久。

这8种农作物的集中发现和中国最西水稻种植范围的发现，不仅说明天水一带具有多种农作物组合种植的优良条件，是农业经济比较发达和稳定发展的反映，而且也揭示了中国最早的农业多样化基地可能出现在新石器时代的甘肃天水地区。②8种农作物已基本包括了明清时代之前传统旱作农业的主要种类，又囊括了东、西亚两个农业起源中心的主要作物类型，天水一带或者说甘肃地区就成为中国早期农业文化的交流中心之一。中国最早农业多样化基地的形成和早期农业文化交流中心地位的确立，正是甘肃史前农业和农业经济发达的实际反映，并为中国原始农业起源、农业多样化生产乃至农业文明的探索提供了重要佐证。

5. 城乡分野启文明

原始时代人类的文明进步除了经济发展之外，聚落的扩大和人口的增加也是重要标志。聚落既是人口聚居之地，也是人类各种经济社会活动的中心。大地湾遗址从建筑演进、聚落扩大和人口增加三个方面，为我们了

---

① 赵志军《小麦传入中国的研究——植物考古资料》，《南方文物》2015年第3期。
② 张东菊、陈发虎等《甘肃大地湾遗址距今6万年来考古记录和旱作农业起源》，《科学通报》2010年第55卷第10期，第887~894页。

解史前人类由聚落向城市发展提供了难得的全景资料。

首先是史前建筑发展演变过程完整。从地穴窝棚式建筑到平地起建房屋和宫殿建筑的出现，大地湾遗址在长达三千年之久的持续发展中，完整保留了中国史前建筑与聚落考古的珍贵资料。特别是大地湾新石器时代遗址共发现房址240座，这在我国数以万计的新石器时代遗址中不仅数量最为丰富，保存状况甚好，而且房址演进序列完整，堪称是中国史前建筑发展史的陈列馆。

大地湾一期文化的4座房子均为圆形半地穴攒尖窝棚状建筑，没有墙体，房屋由屋顶和地穴两部分组成，地面未经加工，面积仅6~7平方米。这批房子是我国迄今为止考古发现中时代最早的一批房址，是探索我国史前建筑源头的重要资料。

进入仰韶时代，大地湾二期房子发现156座，圆形房子被方形或长方形取而代之，一般面阔大于进深。先民们发明了在穴壁外立柱建墙的方法，房屋由屋顶、墙体和地穴三部分构成，室内空间得以扩大，通风采光功能改善。出现套穴房屋，在主室一侧或一角将居住面下降并向外扩出构成套穴式房屋，室内均在前部正对门口处设坑式灶，房址地面普遍抹一层或多层草泥土。小房子面积10平方米，大房子达到70平方米。

大地湾三期开始圆形房子消失，地穴变浅，房址地面开始使用料姜石材料铺垫和抹光技术，出现双联灶。大地湾四期房

大地湾遗址复原的半地穴式房屋

子告别地穴而为平地起建,出现长方形门蓬并取代了长条形门道,出现分间屋、多间复合式建筑与殿堂式建筑。房屋结构至四期最为复杂,在大型建筑上表现尤为显著,大型建筑还出现了侧廊。出现并流行台式灶,大房子地面使用轻骨料、砂石和料礓石混凝而成类似现代的水泥地面,以后还出现白灰地面,大房子如 F405 室内面积达 150 平方米,F901 总面积 420 平方米。[①] 平地起建建筑的出现,标志着历经两千多年,人们终于从阴暗潮湿的地下走向宽敞干燥的地上,这是居住形式的一大飞跃。大型宫殿建筑则是原始时代建筑技术和社会发展水平的标志性成就。

其次是聚落壮大发展轨迹清晰。在聚落发展上,大地湾提供了在一个遗址内聚落经历三千年发展演化轨迹的完整标本,为了解中国史前聚落由小到大、由河边阶地扩展到山地、由聚落到城市雏形的完整演进过程。特别是大地湾二期各时段聚落的变化,四期聚落的布局与规模,均为在其他遗址所未见的珍贵资料,是揭示中国史前聚落向城市雏形演化的典型标本。

大地湾一期聚落主要分布于河边二级阶地,呈带状分布,面积约 6000 平方米。除在聚落东半部发现 4 座圆形小屋外,H398 房址面积最大,约 10 平方米,明显大于圆形小屋,其主人当为氏族重要成员。房址周围既有灰坑也有墓葬,聚落整体上房址、灰坑、墓葬插花式分布,一切显示出聚落的原始性。

二期聚落是在一期基础上向周围扩展形成的,按发展又可分为前后两个阶段。前段聚落均分布于圆形壕沟之内,壕沟在西部偏北和东部偏南处有出口。聚落面积约 2 万平方米,从发掘的北半部遗存表明,聚落中心为广场,西侧是公共墓地,大型房屋建于广场西北部,中小型房屋以广场为

---

① 《秦安大地湾新石器时代遗址发掘报告》(上),文物出版社 2006 年版,第 694~698 页。

中心由内向外扇形扩展成多层圈。其中，西北部只有一个圈层，东南部则有四个圈层。房址按面积分为三个等级、四种功能，大型房址2座，系首领住宅兼公共活动中心，级别最高；中型房屋9座，其中一座套房可能是首领或大家族长住宅；其余中型房址为大家族家长居室，一个中型房址的前后左右都有几座小型房址所环绕；其余数量最多的小型房址为一般氏族成员居室。

二期后段又分前、后两期，前期聚落向三级阶地略有扩展，中心广场略向南移。共发现房址73座。其中大型建筑1座，等级最高，位于西北部；中型17座，为族长居室，其中有2座面积大于其他中型房址，当为氏族或家族长居室；其余中小房址为一般成员居室。后段后期聚落向阶地西北角扩展，发现房址46座。其中，大型房址2座，F207圆形大房址位于西北部，周围房址门均对准此屋，其南为公共窑场，房址当为氏族首领或家族长居室；F709大房址位于西南部，有一大一小双灶，房址等级与前者

大地湾F901宫殿式建筑复原图

同。7座中型房址为大家长居室；其余中小房址属于一般成员居室。综合后段聚落发展与前段相比，其最大变化是由前期一个聚落中心到后期变为多个中心。前段绝大多数房址门向中心广场，后段则分别在聚落西北部、西南部、北部和东南部各为一个中心，每组由一个中型房子和数个小型房子组

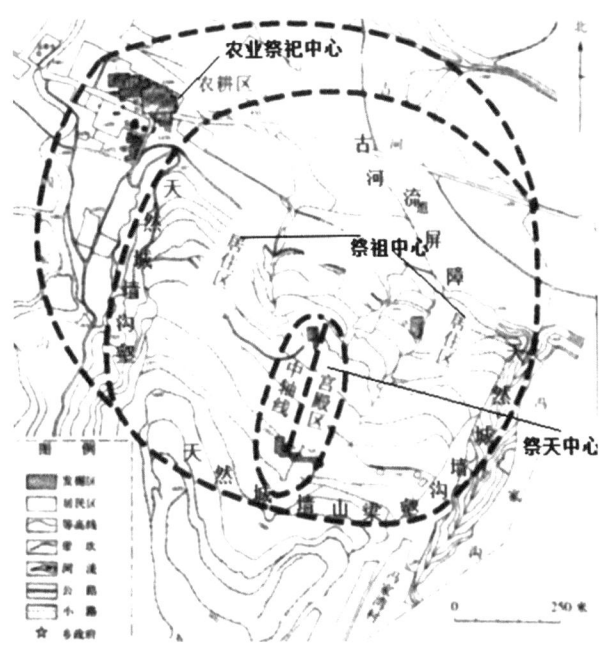

大地湾文化第四期聚落遗迹分布图

成，说明聚落内已由前期的一个中心发展为后段的多个中心。大型房子从功能、出土遗物和精美程度上分析，当为聚会场所或首领居址，表明聚落内成员间已有等级出现。

三期聚落由二三级阶地向山脚扩展，面积约4万平方米。发现房址19座。房址分大、中、小三类，其中大型房址出土成组陶器和较多石、骨器，为显赫人物居室。中小型房址按门向分析，聚落内有多个地位相等的中心。

进入四期，聚落延伸至半山并达到鼎盛，面积扩至50万平方米，半山腰以下是聚落密集分布区，发现房址56座。聚落东西两侧以天然沟壑为屏障，主体坐落在背山面河的山坡上。在中轴线上有F901原始殿堂式建筑和广场等分布。在大型公共建筑周围存在若干部落和氏族，房子分大、中、小三类，众星捧月般围绕着公共建筑。此时随着父权制的盛行和聚落

迅速扩大，这里开始向城市转化，并成为清水河谷地一带的中心聚落。[①]

再次是人口与社会结构变化显著。聚落规模与形态的演化，与其人口数量和社会结构的变化密切相关。如果把家族、家庭作为基本的社会生活和独立的经济功能单位的话，从发掘比较充分的二期资料分析，其前段当已形成氏族—家族两级社会，聚落社会结构为若干大家族共同组成一个氏族。如果按一半发掘部分与另一半未发掘部分的房址密度相等计算，则前段聚落房址总数在 70~80 座，其中中型房址约 15 座左右，小型房址近 60 座。每个中型房址和周围四、五座小房址构成一个大家族，中型房址住着族长、老人和未成年子女 10 人左右，小房址可住 3~5 人，则每个家族人口约 20~30 人。整个氏族由 15 个左右大家族，聚落共有人口约 300~400 人。随着经济发展、人口增加，聚落随之扩大并发生社会分化，到后段聚落多中心的出现，是原来一个氏族裂变为几个氏族的结果，社会结构也由前段的两级发展为部落－氏族－家族三级。这时房址数量达到 100 座左右，但大家族的中型房址变化不大，说明大家族人口后段增加幅度不大，但至少在 500 人以上。

大地湾三期文化阶段聚落面积较二期扩展将近二倍，按二期人口数量最多 500 人计，三期可能已有千人上下规模。经过大地湾二、三期一千余年的经济文化发展和文明积淀，大地湾四期进入繁盛期。虽然本期遗址未作全面发掘，但就目前已掌握的多项标志性资料，结合二期数据类比分析，其时聚落面积约是二期的 20 倍以上，二期后段人口肯定超过 500 人，同比例换算人口四期当超过 10000 人，即使保守按 10 倍计算，也超过了 5000 人。本期发现房址 56 座，除大型公共建筑和殿堂式建筑之外，其他

---

① 《秦安大地湾新石器时代遗址发掘报告》（上），文物出版社 2006 年版，第 686~707 页。

房址可分为大、中、小三级,按此可知其社会组织当有部落—氏族—家族—家庭四级。若考虑这里已成为大地湾所在清水河流域的中心居邑,则部落之上还应有部落联盟。

以上三个方面的显著进步,标志着在大地湾四期许多文明因素已经具备。如从聚落规模和人口数据看,至少有 5000 人以上规模。这从 F901 宫殿式大型建筑的修建需要大量人力也得到证实。从聚落规模和设施看,二期聚落就有了防护设施——人工开挖的壕沟,而在四期聚落的中轴线和众星捧月式布局,广场、公共建筑、作坊区、墓葬区的功能分区,特别是利用东西两侧冲沟为天然屏障,也发挥了与城墙一样"城郭沟池以为固"的作用。五级社会组织结构的出现,宫殿式建筑的存在,大型礼仪活动场所、权杖头、陶祖的发现,墓葬随葬品的差异等,都表明大地湾聚落已由部落居地上升为部落联盟所在和当地的中心聚落。

美国学者克拉克在《从野蛮到文明》一书中提出文明形成的三个标准:一是存在一系列人口至少在 5000 以上的永久性城镇、集镇或城市;二是已发明、使用文字;三是已有纪念性的公共建筑和礼仪庆典活动的中心场所。以此衡量,大地湾四期文化至少在城市和公共礼仪建筑两个方面条件已经具备;至于文字,早自大地湾一期以来刻画符号一直存在并有发展,只是我们今天还无法识读而已。

城市的出现作为文明形成的必备要素之一,历来受到人们的高度关注。而大地湾宫殿式建筑及其他标志性材料的发现,表明这一聚落是中国最早的城市和文明曙光初露之地:"F901 大型原始殿堂式建筑的出现,或许表明大地湾正是五营河沿岸部落联盟的所在地,它不仅管理着本聚落的社会运行,而且具备管理沿河两岸其他聚落的功能";"大地湾四期聚落的宏大气势显示出大地湾极有可能成为清水河沿岸的中心遗址,它已逐渐脱离史前聚落的窠臼,孕育着更高一级的文明因素,或许将之视为城址的前身更为妥当。它的出现标志着原始社会正处在向文明社会转折过渡的重要阶段。"① 无疑，这一聚落已经具备早期城市的基本特征，是"城市革命的前奏曲。"②

---

① 甘肃省文物考古研究所《秦安大地湾新石器时代遗址发掘报告》(下)，文物出版社2006年版，第710页。

② 郎树德《大地湾考古与中国文明起源的线索》，《西北史地》1988年第3期。

轩辕创制与华夏文明

作为羲里娲乡和轩辕故里所在的甘肃，如果说古史传说中的伏羲时代是中华文明肇启的序篇，那么，历经近两千年文明的持续发展和积累，到了距今五千年前后的黄帝时代，文明已经悄然而至。大地湾四期文化令人惊叹的文化成就，马家窑文化以彩陶为标志的文明创造，与黄帝时代的人文创制交相辉映，共同奠定了甘肃大地的文明基石，也为多元绽放的中华文明增添了异彩。

## 一、炎黄奠基华夏族

兴起于渭水支流牛头河流域的黄帝族，随着部族的发展壮大，一路创榛辟莽、融汇沿途各部东进中原，实现了与同胞部落炎帝部落的联盟，炎黄文化集团产生。接着，炎黄文化集团与东夷文化集团相交相融，建立不同文化集团的大联盟，进而轩辕黄帝得到天下诸侯的共同认可和拥戴，一个超越血缘集团，集合众多文化集团的炎黄族由此成形；一个跨越江淮河济，统辖天下诸侯的部落酋长黄帝被共举为天子，由此，中国历史上最早的酋邦国家诞生了。

### 1. 黄帝兴起轩辕丘

在三皇五帝古史系统中，黄帝为五帝之首，是又一位中华民族的人文始祖，故中华民族大部分人都认为自己是炎黄子孙。那么，黄帝身世如何，故里何在呢？

《大戴礼记》记载："孔子曰，'黄帝，少典之子也，曰轩辕'"。《国语·晋语》又说："昔少典氏娶于有蟜氏，生黄帝、炎帝。黄帝以姬水成，炎帝以姜水成。成而异德，故黄帝为姬，炎帝为姜。"《帝王世纪》记载黄帝的出生很奇特，"母曰女宝，见大电绕北斗，枢星照郊野，感附宝，孕二十四月，生黄帝

清水县山门镇白河村轩辕谷轩辕殿

于寿丘，长于姬水，有圣德，受国于有熊，居轩辕之丘，故因以为名，又以为号。"司马迁集先秦以来文献之大成，在《史记》一书中对黄帝生平及事迹做了全面而系统的记述，并列黄帝为卷首之开篇。并云："黄帝者，少典之子，姓公孙，名轩辕。"这些记载，为我们留下了关于黄帝身世及其生地的基本线索。

黄帝生于寿丘，长于姬水，居轩辕之丘。对于这些地名及其所在，古今学者说法不一。寿丘，一说在鲁，即今山东曲阜县；①一说在上邽，即今甘肃天水。②姬水，一说为发源于今陕西麟游西北的杜林，于今武功入渭的古漆水，因"姬""漆"通假；一说指岐水，"姬""岐"古音义相通；一说在天水，天水有一条轩辕谷，姬水可能就是天水轩辕谷中的那条水。③轩辕之丘，有说在陕西渭南，有说在天水市。④这些说法虽然不相一致，但除个别外，所说地域均在今西北陕甘间黄土高原地区。

从文献记载和今人考证综合分析，黄帝生地当在今天水一带。《水经注·渭水》："渭水又东南合泾谷水，……又西北，轩辕谷水注之，水出南

---

① 《史记》卷一《五帝本纪》之《正义》，中华书局1982年版。
② 《路史·后记》卷五罗苹注。
③ 霍彦儒《炎黄二帝与华夏族发端》，《中央民族大学学报》2002年第4期。
④ 田继周《先秦民族史》，四川民族出版社1996年版，第94页。

山轩辕溪，南安姚瞻以黄帝生于天水，在上邽城东七十里轩辕谷"。清人梁玉绳《〈汉书·人表〉考》说："以戊己日生黄帝于天水"。《路史》罗苹注认为"寿丘在上邽。或云济南，世人又以为兖，俱非。"何光岳认为山东曲阜的寿丘，是黄帝族后来东迁到曲阜而带过去的地名。最早的寿丘，应在姬、姜二水和轩辕谷附近去找。①据范三畏先生考证，姬水就是渭水，流经甘肃清水县的渭河支流牛头河古称桥水，桥水源头附近有轩辕谷，俗称三皇沟，由于桥水支流有小祇水、大祇水，又有小羌水（泌水）、羌水，联系到黄、炎二帝均出于有蟜氏，而黄帝为氏、炎帝为羌，又"桥"与"蟜"通，"祇"从"氏"来，以及氏、羌二族常比邻而居，那么，可以肯定的是牛头河流域上古曾为氏、羌互婚二族所居，它与黄、炎族的发祥有着密切的关系。后来，居于桥水上游的少典氏黄帝沿桥水（即今牛头河）向南扩展到渭水，故姬水即是渭水。②以上研究表明，黄帝诞生于天水地区，其生地当在今清水县东的三皇谷。

关于黄帝生于清水，既见之于地志，又长期在民间口耳相传、妇孺皆知。《甘肃通志》《直隶秦州新志》《甘肃省志》都明确记载轩辕谷在上邽城东七十里，轩辕帝生于轩辕谷。

以上所说上邽东七十里，就是轩辕谷的所在地今清水县山门镇的白河村。轩辕谷清水民间俗称三皇沟，相传为黄帝生处。而与黄帝居地有关的传说和史迹，在清水还有不少，如清水县城北二里有轩辕窑；三皇沟曾有三皇庙和戏台，后移至县城西侧永清堡下，故称永清堡后原为三皇庙原，庙前曾树"轩辕故里"石碑；清水县城曾称"轩辕镇"，新中国成立初改为"轩

---

① 何光岳《炎黄源流史》，江西教育出版社1992年版，第509页。
② 范三畏《旷古逸史——陇右神话与古史传说》，甘肃教育出版社1999年版，第141~145页。

清水县轩辕广场的轩辕塑像

辕区"。这些与黄帝相关的古迹和地名,是清水县为轩辕故里的重要民俗资料。

近年来清水县大力传承和弘扬轩辕文化,轩辕谷所在白家河村恢复修建了轩辕庙和戏台,修建了广场和道路并进行绿化与生态保护;将轩口窑故址划定保护;在县城中心修轩辕广场,塑轩辕像;在广场对面牛头河之北开轩辕湖,建轩辕宫,规划建设轩辕文化产业园;创编轩辕鼓舞,成立甘肃省轩辕文化研究会,一年一度举办轩辕文化旅游节、轩辕文化学术研讨会和轩辕祭祀仪式。初步形成了将保护传承、研究宣传、开发应用三位一体有机结合的轩辕文化品牌。

### 2. 炎黄结盟在阪泉

随着黄帝部族的壮大,为了寻求更为广阔的发展空间,黄帝族又沿渭河东迁到宝鸡岐山一带。其时,宝鸡地区正是与黄帝同祖的炎帝第八代孙榆罔帝族的中心居地,黄帝族与炎帝族交错相处。受其排挤,黄帝族遂自岐山北迁至漆水流域(今陕西彬县),再越过泾水向北发展,定居于北洛水和沮水交汇的桥山,也就是今陕西黄陵县沮河北,初建都邑(大聚落)于洛水旁。于是,以泾水为界,炎、黄二族南北毗邻而居,长期相互友好交往,形成姬姜两大族姓,并世代通婚,结成以血缘为纽带的政治联盟,成为西北黄土高原的主宰者。① 因此,"炎黄两个氏族部落发祥于我国西北黄土高原地区。"②

黄帝族在洛河一带创榛辟莽,垦荒农耕,烧制陶器,亦狩猎捕鱼,致力于原始经济的发展,推动部族日益强盛。故其居地已扩及泾水上游,占有今甘肃东部、宁夏南部和陕西泾水以北地区。随着部族的进一步壮大,炎、黄部族均开始向中原地区迁徙。

徐旭生先生指出,黄帝族顺北洛水南下,到今大荔、朝邑一带,东渡黄河,跟着中条及太行山边逐渐东北走,今山西南部沿黄河的区域,姬姓的建国很多。今洪洞县的杨、芮城的魏,新绛的荀与贾、河津的耿等晋南小国,虽然不知道他们为何时所封。但他们的一部分可能就是黄帝氏族东迁时沿途留下的分族。又说:"山西南部诸姬姓国家的分布,芮、骊戎、鲜虞,或者可以指示黄帝氏族东迁的路线。"③ 黄帝族到达太行山东的涿鹿(今河北涿鹿),并定都于此。其后,又向东北发展,一部分人又迁往今河北正定县及北京一带。至此,在西起天水,东至北京这一迁徙经过的狭长地带,均有黄帝族居民的分布,其地域基本上都在黄土高原地区。④ 黄帝部族在向东迁移和扩展地域的进程中,其经济文化和部族力量也得到迅速发展,从而为此后部族的进一步扩展与融合奠定了坚实基础。

---

① 杨东晨《论黄帝族的迁徙与融合》,《贵州文史丛刊》2001年第1期。
② 张岂之主编《中国历史》先秦卷,高等教育出版社2001年版,第25页。
③ 徐旭生《中国古史的传说时代》,广西师范大型出版社2003年版,第51页、45页。
④ 杨东晨《论黄帝族的迁徙与融合》,《贵州文史丛刊》2001年第1期。

大致在黄帝族向东迁徙的同时，炎帝族榆罔亦率部分族民自渭水向东，沿黄河以南进入中原。先后居于陈（今河南淮阳），又迁于鲁（今山东曲阜）。炎、黄二部族东迁后，大致形成了以黄河为界，两相为邻而分居南北的格局。

炎、黄二部为了扩大势力而相互争夺，最终发生阪泉之战。《史记·五帝本纪》记载：

> 轩辕之时，神农氏世衰，诸侯相侵伐，暴虐百姓，而神农氏弗能征。于是轩辕乃习用干戈，以征不享，诸侯咸来宾从……炎帝欲侵陵诸侯，诸侯咸归轩辕。轩辕乃修德振兵，治五气，蓺五种，抚万民，度四方，教熊罴貔貅䝙虎，以与炎帝战于阪泉之野，三战，然后得其志。①

阪泉之战是我国见于文献记载的第一次战争，双方都做了充分的准备，战争很是激烈。具体过程结合《列子·黄帝》《吕氏春秋·荡兵》和汉代贾谊《新书》等文献的记载，大致如下：

炎、黄两部本为同源胞族，这次战争前，炎帝部落已开始衰落，同盟内的各诸侯互相侵伐，暴虐百姓，炎帝无力平定内乱。而黄帝部落此时则主动整修干戈，操练兵力，征伐联盟内那些内乱的诸侯，受到大部分诸侯的拥护。当炎帝也开始侵凌其他诸侯时，追随炎帝的诸侯纷纷转而归附黄帝。于是，黄帝内修德政，兴农强兵，争取民心，外联诸侯，演练军阵。最终黄帝与炎帝部落矛盾不可调和，战争在阪泉之野进行，炎帝首先以火围攻，一时烟火四起，遮天蔽日。黄帝统帅以熊、罴、狼、豹、云豹、虎为图腾的同盟军，打着有雕、鹖、鹰、鸢等鸟类标识的旗帜，冲锋陷阵，积极应战，用水攻的方法反击。前后经过三次大的战争，最终取得了胜利。

---

① 《史记》卷一《五帝本纪》，中华书局1982年版。

战争异常惨烈，血流成河，以至连舂米的木槌都漂了起来。

阪泉之战黄帝获胜后，炎帝部落输得心服口服，甘愿称臣，发誓不再与黄帝抗衡，黄帝、炎帝两个部落由此结盟，连同属于炎帝的附属部落都归附了黄帝，形成了一种新型联合体的雏形——炎黄集团，确立了黄帝的领导地位。由此拉开了英雄时代的帷幕。

3. 涿鹿相争战蚩尤

炎黄联盟形成后，力量进一步强大，活动地域大约在今天河南、河北、山西一带。当时，今山东一带另一个文化发达的东夷集团九黎部族也不断强大起来，开始进入炎帝部落分布的河南地区，双方因利益矛盾越来越尖锐，涿鹿之战就是在这种背景下发生的。

相传蚩尤是九黎之君，九黎即九夷，属东夷集团。传说"蚩尤兄弟八十一人，并兽身人语，铜头铁额，食沙石子，造立兵杖、刀、戟、大弩，威震天下，诛杀无道，不慈仁。"又据《太白阴经》记载，伏羲发明了木兵器，神农发明了石兵器，蚩尤发明了金属兵器。可知蚩尤是金属兵器的发明者，金属兵器的出现和使用，使武器的杀伤力大大提高，加之蚩尤勇武善战，又非常凶残，一时威震天下。由于蚩尤部族有强大的实力基础，所以，在与炎黄集团有利益冲突时，主动威逼炎帝部落，双方在今河北涿鹿县一带遂兵戎相见。

根据传说和文献记载，战争初起时，蚩尤攻入炎帝部落居地后，炎帝部落无法抵挡、节节败退，在蚩尤大军的扫荡下，居地全失，炎帝求救于黄帝。黄帝帅兵出战，炎黄、九黎两大集团之间的涿鹿之战由此爆发。

两大集团之间这的场战争打得十分激烈，蚩尤是兵器的发明者，又有备而来，长得铜头铁额，还得到夸父的协助，黄帝之师难以取胜，九战九不胜。传说蚩尤作大雾弥漫三天三夜，黄帝之臣风后在北斗星座的启示下，发明了指南车，才冲出大雾。黄帝请来应龙欲以水攻，并在河流的上游筑坝蓄水，蚩尤请来风伯雨师，发起急风暴雨。应龙蓄水未成，反而大坝先溃，黄帝军反被大水围困，雨又不止。关键时刻黄帝得到旱神女魃的帮助，阻止了风雨，天气突然晴朗，蚩尤军队惊诧万分，黄帝乘机指挥大军掩杀过去，取得了最后胜利。黄帝取胜后又遇到新的困难，不仅旱神女魃制止了大风雨后神力大减，无力回到天宫；应龙参战"已杀蚩尤，又杀夸父"，也是耗力太大，不得升空，天上"无复作雨者"，使地上连续大旱数年。黄帝令剥蚩尤之皮以蒙鼓，并取雷兽之骨作鼓锤，以鼓擂之，天下皆恐，诸侯全臣服于黄帝。

《龙鱼河图》对战争经过的记载与以上过程稍有不同：

> 万民欲令黄帝行天子事，黄帝以仁义不能禁止蚩尤，乃仰天而叹。天遣玄女下授黄帝兵信神符，制伏蚩尤，帝因使之主兵，以制八方。蚩尤没后，天下复扰乱，黄帝遂画蚩尤形像以威天下，天下咸谓蚩尤不死，八方万邦皆为弭服。

这一说法是蚩尤被杀后，天下又发生大乱，黄帝命人画了蚩尤的像以震慑天下。民间以为以勇武残忍著称的蚩尤没死，天下大小邦国慑于蚩尤的威名而纷纷归附黄帝。于是，"诸侯咸尊轩辕为天子，代神农氏，是为黄帝。"

至此，以炎黄集团和少昊东夷集团为主体，包括共工氏后裔族的华夏族大联盟终于确立，黄帝遂定都于有熊之墟（今河南新郑），号有熊氏。中华大地上最早的酋邦国家由此产生。

### 4. 多元一体汇华夏

以炎黄和东夷族为主体的华夏族联盟的形成，在中华民族发展史上是一件划时代的大事件,它标志着此前以血缘为纽带的部落联盟,被以地缘为标志的不同血缘、文化集团共同建立更大规模、更高级别的大联盟——酋邦国家所代替,而这一基础,就是以该联盟为核心形成的华夏族。

黄帝被推举为联盟共主后,勤政修德,为酋邦国家政权建设、服务民众和管理万国竭尽全力。《史记·五帝本纪》记载:

> 天下有不顺者,黄帝从而征之,平者去之,披山通道,未尝宁居。东至于海,登丸山,及岱宗。西至于空桐,登鸡头。南至于江,登熊、湘,北逐荤粥,合符于釜山,而邑于涿鹿之阿,迁徙往来无常处,以师兵为营卫,官名皆以云命,为云师。置左右大监,监于万国。

黄帝通过建政立制,教化民众和安抚宇内,使酋邦国家在井然有序中各方面得到迅速发展。《商君书·画策》说黄帝通过制定"君臣上下之义,父子兄弟之礼,"使人各明其分,各安其位,各司其职,彼此以仁义相待。《韩诗外传》也说黄帝继位,上承天命,广施恩惠,上下修德,以仁治天下,出现"宇内和平""天下乃治"的景象。在黄帝卓有成效的治理下,在东起大海,西达甘肃中部,南到湖南北部,北至河北北部的广阔地域,一个以黄帝为首的民族共同体——华夏族逐步形成。后来的中华民族就是在华夏族基础上发展而来,我们从黄帝子孙的繁衍分布和流播就能清楚

陕西黄陵县黄帝陵黄帝石刻像

地看到这一点。

根据《国语·晋语》记载，黄帝的儿子分二十五宗，也就是黄帝的25个裔氏族，其中的14人获得12个姓，分别为姬、酉、祁、已、滕、葴、任、荀、僖、姞、儇、衣。这12个姓也就是12个胞族。他们是同部落中以直接血统关系为基础的几个氏族结合起来的血缘集团。据扬东晨先生考证，黄帝之后，其子孙后裔及支裔仍以中原为中心继续向四方发展，并在更大的范围与更多的部族在更为深广的层面交流融合。其中，向东方发展的黄帝子孙及后裔主要有黄帝之子玄嚣、昌意及其后代，黄帝后裔资、缙云、汪芒、谢、雍等氏族，黄帝裔族娄人，姞姓裔支密须氏及密人、须人，姞姓一支人及同姓光人，黄帝子12姓之一的任姓支族奚人和邳姓族等。这些子孙后裔活动地域涉及今山东、河南、山西、陕西、甘肃、湖北等地。

黄帝后裔及支系向西迁徙的主要有高辛氏帝喾的一支，姞氏族、稷氏、长人氏和禹京人及支族发人，黄帝子12姓的僖、厘姓裔族汪人等，活动范围包括今陕西、甘肃、青海东部及新疆昆仑山、罗布泊等地。

黄帝后裔向北发展的有其子骆明氏族，其裔族以骆为氏称骆人，骆人北迁于陕北的称瀎洛氏族，迁于东北的一支与土著结合称貉族（秽貉），还有一支东迁于今洛阳的洛水；黄帝孙颛顼族一部分迁至山西太原，又一部分先至河北，再至辽西；黄帝子夷鼓氏之裔族曾北迁于今河北晋县；黄帝曾孙帝喾氏族自山东迁于河南新郑，又受封今河南柘城以北一带；帝喾子孙后裔还有多支北迁，如蒙部族部分北迁至黑龙江上游，成为匈奴族的来源之一；黄帝后裔夏桀之子淳维曾率一部分族民北逃为匈奴之先族北狄；姞人的一支雍族以及奚族、发人、长人、大人、佟氏族等各支中，大人族成为后来东北地区高丽、秽貉、肃慎、鲜鸭、奚、乌丸、契丹、东胡、沃沮、三韩、勿吉、挹娄、室韦等族的来源之一，奚人为后世奚族的祖先，发人为后来契丹、秽貉人的族源之一，长人为后来长脚国之族源。黄帝后裔北迁各支的活动地域涉及河南、山西、内蒙古、河北、东北等地。

黄帝后裔支族向南迁移的主要有骆部族中的一支，他们南迁于川北，与氐人结合，后称白马氏；黄帝之子虔氏，后裔资氏、梼杌、祝融、驩兜、缙云族、娄族、禺京人、汪芒氏、防风氏、长人、谢人、光人、崇族、蜀人等各支系中，祝融的裔支芈姓族是楚人的祖先，黎氏则是黎族、苗族的先祖；蜀人本为炎帝裔族，后有黄帝裔族封于蜀，并成为其首领，蜀于是成为黄帝裔族。南迁各族的活动地域涉及今四川、湖北、湖南、江苏、浙江、安徽、江西、云南、贵州、福建、广东、广西等地。①

从上述黄帝子孙及其后裔的活动范围可以清楚地看到，地域范围比黄帝时已有明显地扩展，北部由河北北部延伸至黑龙江流域，西部由甘肃中部扩至新疆北部，南方由湖南扩及两广。虽然黄帝子孙后裔涉足各地在时间、数量、频率上各不相同，但却在今天中国版图的大部分地区，都留下了他们部族融合与文化创造的足迹。

据《史记·五帝本纪》记载，黄帝之后的颛顼、帝喾、帝尧、帝舜和禹等华夏部落联盟的首领，都是黄帝的直系或后裔。不仅如此，黄帝也是我们习称的"三代"即夏商周及秦政权建立者的共同始祖。而黄帝子孙及后裔支系更是华夏族乃至中华民族大家庭中不少民族的直接或间接的祖先。黄帝子玄嚣、昌意不德，被流迁于若水，后改过自新，重建威望，进而成为少昊部族的首领，而其子、孙颛顼和帝喾遂为华夏部落联盟的首领，故郭沫若曾说："颛顼和帝喾都是较早融入华夏族的东方夷人。"则东夷少昊部族也自然成为华夏集团的一部分。居于江淮间的苗蛮部族在帝尧时与原华夏族融合，文献中"窜三苗于三危""舜却苗民，更易其俗"和禹征有苗的记载，说明通过战争及经济、文化的相互交流，一部分苗蛮逐渐被

---

① 杨东晨《论黄帝族的迁徙与融合》，《贵州文史丛刊》2001年第1期。

陕西黄陵县桥山黄帝陵

同化而融入华夏。

综上所述，以黄炎部落为核心，包括东夷和苗蛮在内的各部族，构成了华夏族的主体。由于他们族系源远流长，支系繁多，子孙昌盛，其子孙后裔通过联姻繁衍、交流融合和战争征服，华夏族势力空前强大，并同化融合了更多的部族。于是，后来中华民族中的不少民族都与华夏族有直接或间接的族源关系。刘起釪先生认为："黄帝族和后来的夏族、姬周族前后一脉相承，而炎帝族则与后来的四皇族及姜姓族也前后一脉相承，二者各为同一祖先的前后几个不同发展阶段，所以黄帝、炎帝分别成为他们这两族的始祖。后来这两族的主体再融合东夷及其它许多族形成了伟大的华夏族，所以黄帝、炎帝成为华夏族共称的祖先。"① 因而，称中华民族为炎黄子孙恰如其分。

徐旭生先生将我国传说时代的部族，划分为三大集团，即以炎、黄部族为主的华夏集团，以太昊、少昊部族为主的东夷集团，以伏羲、女娲为主的苗蛮集团。由于以炎、黄部族为主的华夏集团居于中原腹地，故又有以华夏集团为中心，称其北方诸族为北狄、西方诸族为西戎、东方诸族为东夷、南方诸族为南蛮，进而出现"五大民族集团"。上述各部族集团"他

---

① 刘起釪《古史续辩》，中国社会科学出版社 1991 年版，第 180 页。

们中间的交通相当频密,始而相争,继而相亲;以后相争相亲,参互错综,而归结于完全同化。"①

所以说,黄帝和炎黄及其部族开辟了华夏族共同的生存地域,开创了华夏族共同的经济生活,开启了华夏族共同的心理素质。②由此,华夏族和周边各部族之间交往的障碍消除了,各部族间自由往来,相互通婚,趋同一体,汇为一源多支的民族大家庭,从而形成你中有我、我中有你的最初的中华民族前身——华夏族,为开创数千年连绵一脉的中华文明奠定了坚实基础。

---

① 徐旭生《中国古史的传说时代》,广西师范大型出版社2003年版,第51页、45页。

② 霍彦儒《炎黄二帝与华夏族发端》,《中央民族大学学报》2002年第4期。

## 二、轩辕创制文明开

英雄时代的酋邦首领,就是那个时代该部族酋邦文明发展的杰出代表。黄帝时代黄帝及其炎黄族在物质文化、精神文化、制度文化等方面都取得巨大进步,一系列附丽于黄帝身上的发明创造正是这一进程的具体体现。中华民族衣、食、住、行的各种器物,从天文律历到医学乐舞的文化创造,从举贤任能到划井分州的制度创建,既保障和改善了华夏先民的社会生活,也催生了文明的到来。

### 1. 发明创造泽华夏

黄帝及其部族致力于部族发展和民族融合,揭开了华夏文明新的一页。黄帝曾说:"予居民上,摇摇恐夕不至朝,惕惕恐朝不及夕。兢兢栗栗,日慎一日。"在他的带领及治理下,炎黄集团在物质和文化方面取得巨大进步,这集中体现在一系列的发明创造上。

相传黄帝及其部属的发明创造甚多,举凡凿井制陶、舟楫车舆、杵臼火食、服牛乘马、弓矢钟镜、作书制图、制琴作乐、作磬造鼓、衣裳冠冕、制履造旐、占星占月占日、律吕甲子、算数调历、宫室几案、棺椁阴阳、种桑养蚕等创造发明,[①] 均出自黄帝。还有指南车、货币、炼铜、文字、医学等也是黄帝及其部族的发明。

这些创造发明,涉及日常生活中的衣、食、住、行,社会生活中的诸多器械,政治领域的若干典章制度,风俗习惯中的婚丧嫁娶等。可见,黄帝及其部族的发明创造,既包括了诸多辉煌的物质文明,又包括多方面的精神文化成就。还有黄帝举风后、力牧等六人为相,又分井划州治理国家,这是制度文明的发端,而冠冕衣裳和婚丧制度的确立,则是民俗文化的主体内容。所有这些,极大地促进了中华文明的形成和发展,并成为中华传统文化的基本要素。因而,黄帝及其部族的文化创造活动,既肇造了中华文明,又构成中华文化的主要基因,是中华文化的活水源头和永恒动力,并且奠定了中华文化的基本传统。

由此可见,轩辕黄帝上承三皇之德,下开五千年华夏文明之端,其自强不息、厚德载物的精神境界,宽厚仁和、以德化民的仁政理念,海纳百川、协合万邦的大同追求,设官立职、分井划州的管理理念,勤政爱民、选贤任能的民本思想、创修甲历、制礼作乐、化成天下的教化精神,不畏艰险、勇于探索的创造精神,谦恭友爱、孝悌贵和的人文精神,刚柔相济、兼容并取的和合精神,威武刚毅、诚信笃行的敬业精神,构成中华民族精神的核心内容和中华传统文化的永恒基因,滋养和支撑中华民族从远古一路走来,并催生了中华现代文化的勃兴。黄帝及其轩辕文化是中华民族的精神之核和文化之根,时至今日,它仍然具有重要的历史意义和时代价值。

### 2. 崆峒问道广成子

黄帝在政权草创,建章立制、德治天下、安抚四方大见成效之后,又

---

[①] 齐思和《黄帝之制器故事》,《古史辩》第七册(中)上海古籍出版社 1982 年版。

开始游历山川、求道问仙的活动,以更好地治邦安国,服务民众,改善百姓的健康状况,提高人们的生存质量。据《史记》记载,黄帝"东至于海,登丸山,及岱宗。西至于空桐,登鸡头。"空桐是崆峒山别名,又称鸡头山,位于今甘肃平凉市,黄帝问道广成子的故事就发生在这里。据最早也最完整的《庄子·在宥》篇记载:

> 黄帝为天子十九年,令行天下,闻广成子在于崆峒之上,故往见之。曰:"我闻吾子达于至道,敢问至道之精。吾欲取天地之精,以佐五谷,以养民人,吾又欲官阴阳,以遂群生,为之奈何?"

这是说黄帝在他执政的第十九年,天下已经安稳太平,政令畅通。他听到广成子在崆峒山上修道,学问精深,于是便前往拜访求教。见到广成子后,黄帝开宗明义地说,听说您修道已经达到最高的境界,我特意来向

平凉市崆峒山

您请教至道的真义。我既想掌握天地自然的运行法则,来帮助民众更好地种植五谷,又想了解世间阴阳变化的规律,以帮助百姓更好地生活,怎样才能达到这样的目的呢?

尽管黄帝以天下苍生为念,想寻找教化民众丰衣足食、健康快乐生活的至治之道,但是,广成子却对黄帝作了这样的回答:

> 而所欲问者,物之质也;而所欲官者,物之残也。自而治天下,云气不待族而雨,草木不待黄而落,日月之光益以荒矣。而佞人之心翦翦者,又奚足以语至道!

面对黄帝的求道,广成子只是提出了疑问,并没有直接给予具体的传道。广成子所说的大意是你所问的是治理天下的至道的精义要旨,但你想要了解的却是至道的皮毛。再看看现在的天下,云还没聚集就想着下雨,草木还没有到秋天黄落就想着收获,以致日月晦暗;分职百官欲治理万物,反而使得人心遭扰,这样怎么探讨至道啊!

也许是觉得黄帝态度还不够诚恳,也许是想再考验考验黄帝,广成子就以上述的回答打发了黄帝。这对黄帝触动很大,他返回后,委政于大臣,自己独辟一室,粗茶淡饭,睡白茅草席,检视施政得失,闭门思考达三月之久,思考成熟后黄帝再次出发前往崆峒山拜师问道。

传说黄帝为了表示问道的虔诚,这次出行他轻车简从,独自前往。在半路上,黄帝碰到一位赤发赤须的长者,便恭立道旁,施礼让路,并请教长者哪条道可通崆峒仙界?长者随口吟道:"仙凡本无界,只在心上分;不惜膝行苦,一诚百道通。"说罢,转眼飘然而去。原来这长者正是与广成子一起在崆峒山修道的另一位高人赤松子。他是担心黄帝放不下帝王架子,吃不得苦头,像上次一样广成子不乐意向他传授至道,于是才专门来到半道指点。

崆峒山黄帝问道处石碑

一路上，黄帝一边赶路一边思索着那长者的四句话，当跋涉中鞋子磨穿、脚掌磨破难以行走时，黄帝恍然大悟，便以膝代步，备受膝破血流之苦，终于登上了崆峒山。据《庄子·在宥》篇记载，当时广成子在石室头朝南而卧，黄帝顺着下风膝行而进，行叩首大礼并发问说："闻吾子达于至道，敢问，治身奈何而可以长久？"广成子一听黄帝又来拜见问道，迅即起身应答说问得好，你过来，我详细给你解释至道：

至道之精，窈窈冥冥；至道之极，昏昏默默。无视无听，抱神以静，形将自正。必静必清，无劳汝形，无摇汝精，乃可以长生。目无所见，耳无所闻，心无所知，汝神将守形，形乃长生。慎汝内，闭汝外，多知为败。我为汝遂于大明之上矣，至彼至阳之原也；为汝入于窈冥之门矣，至彼至阴之原也。天地有官，阴阳有藏，慎守汝身，物将自壮。我守其一以处其和，故我修身千二百岁矣，吾形未常衰。

广成子所说的治国安民的至道的核心是幽深高远，至道的最高境界就是尽量清静无言。这是以"无为而治"为至道，所以，主张只要清静无为，不要明辨视听、劳神费心，就能保持身体、形貌和精神的健康状态，也就可以长生不老。做到内心清静，又不受外事的干扰，就可以达到无所不为的效果；如果什么事都要明了、过问和处理，身心俱困，结果必然失败。

广成子还进一步总结说，我给你揭示阴阳动静的本原，就是让你掌握应动之时就要像阳光一样达到至阳的效果；寂静之时则要摄迹归本进入至阴的窈冥状态。你只要谨守自身，达到无为，天地万物自然有序运行，也会自然昌盛。广成子还以自己的修道为例，说自己始终恬淡如一，处中和之妙，一心修身，所以才能长生，而且身体不衰。

黄帝听了广成子对至道和养生的一席精妙之论，如醍醐灌顶、大受启发，他再次向广成子叩首行礼，并感叹说：广成子道学高深，可与玄天合德媲美！广成子又对黄帝说：来，我再告诉你，世间万物层出不穷，人们总以为可以穷尽其始终；世间万物的运行与变化无穷无尽，人们总以为可以穷尽其法则，这怎么能得到无不为的效果呢？这实际上是广成子提示人主既要遵循世间万物的自然规律，又要懂得治理天下的变通之道，并要达到两者的融通和平衡。所以，广成子认为，如果得到我无为而治即至道的真传，上者为人皇，下者也能成为人王；反之，不懂至道者，只能是动静失据、事与愿违。世间万物昌盛，但都从无而生，死归空寂，周而复始。明白了这些无为而无不为的至道真义，才能"入无穷之门，以游无极之野。"也就是可以归冥寂之本，入无穷之门；应变天地之间，遨游无极之野。最后，广成子还说"吾与日月参光，吾与天地为常。"这是说修道的我已经进入与日月同处，同天地相谐，物我两忘，生死一体的化境。

不难看出，庄子笔下的广成子给黄帝所传的至道，就是后来道家学说的核心内容。传说黄帝以德治天下，后世所谓的"黄老之术"，也就是老子道家之学与黄帝受广成子所传至道以仁义德政化天下之术结合的理论和实践。

广成子隐居崆峒山修炼和黄帝问道广成子的故事，古籍中多有记载。《抱朴子》有黄帝向广成子问医的记载："黄帝欲登园丘，其地多大蛇，广成子教之佩雄黄，其蛇皆去。"民间做香包里边放雄黄、香草等，端午节一般让小孩戴香包，除了装饰和散发香味之外，还有雄黄驱蛇的作用。这一习俗当源起于黄帝时代。

据《神仙传》说，"广成子者，古之仙人也，居崆峒山之上，石室之中。"今平凉市和崆峒山有许多与广成子、黄帝相关的古迹名胜，如广成丹穴、广成泉、十万沟、广成洞、秋千架、广成城、倒回沟、轩辕谷、问道宫、问道处、玄鹤洞、望驾山、大象山、龙头岭、煮羊不烂山等。至今崆峒山及平凉市还有不少广成子、黄帝问道的传说故事、诗文碑刻等。如以下两首诗可作代表：

其一，北周庾信《黄帝见广成子赞》：

治身紫府，问政青丘。龙湖鼎没，丹宠珠流。
疏云即雨，落木先秋。至道须极，长生可求。

其二，北宋游师雄《广成子洞》：

复闻广成子，不为外虑役。
轩后屈至尊，稽颡请所益。
至今洞犹存，峭壁宛遗迹。

### 3.问药岐伯创医学

相传黄帝在问道广成子，修炼成仙的过程中，还曾拜师中医学的鼻祖岐伯，向其请教医学和养生之术。《黄帝内经·素问》说：

> 昔在黄帝，生而神灵，弱而能言，幼而徇齐，长而敦敏，成而登天，乃问于天师曰："余闻上古之人，春秋皆度百岁，而动作不衰；今时之人，年半百而动作皆衰者，时世异耶？人将失之耶？

自幼聪明伶俐、睿智敏捷的黄帝，即位后曾向"天师"请教养生延寿之术。天师即岐伯，为甘肃庆阳人，是上古时期著名医学家。相传黄帝在问道和游历中知道岐伯后，就恭请岐伯为臣，尊为天师，与之谋讨济世良法，帮助他治理天下，同时也请教长生之术。据《史记·武帝本纪》记载，当时有个叫公玉带的人建议汉武帝去泰山封禅，并说，黄帝时就曾去泰山举行封禅，他的大臣风后、封钜、岐伯三人建议黄帝在泰山上祭天，然后再在泰山下的凡山筑坛祭地，只要与祥瑞符合，就能够长生不老。可见，黄帝除了勤政爱民之外，也非常注重身体健康和养生。《帝王世纪》也说，黄帝命岐伯辨识草木百味，总结验方，为百姓治病疗疾，在此基础上，经方《本草》《素问》这样的医书也编写出来。可见，中国最早的医书——《黄帝内经》即是由黄帝请教岐伯，岐伯作答而出现的，后世流传的《黄帝内经》仍延续的是问答体。

关于《黄帝内经》的成书，人们一般认为书的基本理论和思想方法的最初构建者是岐伯，自黄帝以来在流传中不断完善，约在战国时期成书。《难经注疏》明确说《内经》是"昔者岐伯以授黄帝，黄帝历九师以授伊尹……历经汤、太公、文王、医和，秦越人始成章句，以授华佗。"可以说《黄帝内经》及其医学思想肇启于黄帝时代，岐伯、黄帝无疑是奠基者，故人称医学为"岐黄之术"。此后在流传中又在吸收历代医家的理论和实践经验中不断完善而成书。它成为中国传统医学原典之书和开山之作。

《黄帝内经》分为《素问》和《灵枢》两部分。《素问》重点论述了人体脏腑、经络、病因、病机、病症、诊法、治疗原则以及针灸等内容。《灵

庆阳市庆城县周祖陵景区岐伯塑像

枢》除了论述脏腑功能、病因、病机之外，重点阐述了经络腧穴，针具、刺法及治疗原则等针灸理论。汉代张仲景在《伤寒论》自序说："黄帝与岐伯，上穷天纪，下极地理，远取诸物，近取诸身，更相问难，垂法以福万世……而《内经》作矣。"晋时皇甫谧《黄帝三部针灸甲乙经》序又说："黄帝咨访岐伯、伯高、少师、少俞之徒，内考五脏六腑，外综经络、血气色候，参之天地，验之人物，本之性命，穷神极度，而针道生焉。"这说明《黄帝内经》以《易学》阴阳变异哲学思想为指导，创立人体阴阳五运六气学说和脏腑经络学说，阐明了人的脏腑、呼吸、循环、消化、神经系统及其相互关系，成为研究人的生理学、病理学、循环学、经络学、脉象学、诊断学、药物学以及治疗学最经典的医学经典，其内容涉及天文、历法、气象、地理、生物、农艺、哲学等方面的知识，形成了充满辨证思维和科学精神的传统医学体系。

所以，该书被看作是一部综合性的医书，是从天地阴阳整体观上来论述医学，是在易学阴阳及黄老道家理论基础上建立了中医学上的阴阳五行学说、脉象学说、藏象学说、经络学说、病因学说、病机学说和病症、诊法、论治以及养生学、运气学等等。它体现我国先民在对生命现象的长期观察、大量的医学临床实践以及简单的解剖学知识基础上，结合哲学理论，奠定了人体生理、病理、诊断以及治疗的认识基础，形成了涵盖自然、生物、心理、社会的"整体医学模式"。

不难看出，以《黄帝内经》为标志，中国传统医学的基本理论、中医针灸学理论和人体按摩学、中药学、中医养生理论和生命哲学的基础均由此诞生。这既代表了黄帝时代中国物质文明所达到的高度，也为中华民族与中华文化的发展提供了重要保障，并且是中华民族为人类文明进步做出的一大贡献。

### 4. 黄帝边战边学仙

黄帝在治理国家、安抚四方、求道问医的同时，还曾游历天下山川、祭祀鬼神、进行封禅和求仙等活动。《史记·五帝本纪》：

> 万国和，而鬼神山川封禅与为多焉。获宝鼎，迎日推筴。举风后、力牧、常先、大鸿以治民。顺天地之纪，幽明之占，死生之说，存亡之难。时播百穀草木，淳化鸟兽虫蛾，旁罗日月星辰水波土石金玉，劳勤心力耳目，节用水火材物。有土德之瑞，故号黄帝。

所谓封禅，是中国上古和古代帝王在太平盛世或天降祥瑞之时祭祀天地的大型典礼。"封"为祭天,"禅"为祭地,即"登封报天,降禅除地"。古人认为东方最高的山是泰山,人间的帝王应到最高的泰山去祭祀过天帝,才算受命于天。所以封禅一般都在泰山筑土为坛祭天,以报天之功,在泰山脚下小山云云山、亭亭山辟场祭地,来报地之功。据《管子·封禅篇》记载,上古帝王"皆受命然后得封禅。"如无怀氏、伏羲氏、炎帝、黄帝、颛顼、帝喾、尧、舜、汤、周成王等都曾登泰山举行祭天的封礼,在泰山下的云云山、亭亭山举行祭地的禅礼,说明远古暨夏商周三代,都有封禅的传说。关于黄帝举行的封禅活动,《史记·封禅书》记载最为详尽:

> 黄帝得宝鼎宛朐,问于鬼臾区。鬼臾区对曰:"帝得宝鼎神策,是岁己酉朔旦冬至,得天之纪,终而复始。"于是黄帝迎日推策,后率二十岁复朔旦冬至,凡二十推,三百八十年,黄帝仙登于天。……"宝鼎出而与神通,封禅。封禅七十二王,唯黄帝得上泰山封"。……黄帝时万诸侯,而神灵之封居七千。天下名山八,而三在蛮夷,五在中国。中国华山、首山、太室、泰山、东莱,此五山黄帝之所常游,与神会。黄帝且战且学仙。患百姓非其道者,乃断斩非鬼神者。百余岁然后得与神通。黄帝郊雍上帝,宿三月。鬼臾区号大鸿,死葬雍,故鸿冢是也。其后黄帝接万灵明廷。明廷者,甘泉也。所谓寒门者,谷口也。黄帝采首山铜,铸鼎于荆山下。鼎既成,有龙垂胡髯下迎黄帝。黄帝上骑,群臣后宫从上者七十馀人,龙乃上去。

这段记载信息量很大,留下了黄帝得神鼎、封禅、游历、学仙、升仙等珍贵资料。一是借助神鼎的启示和帮助"迎日推策",预知未来,制定历法。二是黄帝得鼎后可与神相通,去泰山进行封禅之礼;三是常游中国华山、首山、太室、泰山、东莱五大名山,并"与神会"。四是黄帝在治理部族和征战的同时"且战且学仙",并对非礼鬼神者进行"断斩"予以惩罚,经百余岁修炼,然后得以"与神通"。五是"郊雍上帝""接万灵明廷"。六是黄帝采首山之铜,"铸鼎于荆山下",鼎成而龙现,黄帝乘龙升仙。黄帝得宝鼎——知未来,

清水县轩辕祠举行落成典礼

游名山——与神会,学仙尊神——与神通,祭上帝——接万灵明庭,采铜铸鼎——龙现升仙。

这是一个黄帝由世间君王走向通神升仙的完整过程。这一过程具有多层文化意蕴,黄帝首先在带领部族征战攻伐、扩大事功的同时,倡导百姓向神问道,又对不敬和非礼鬼神者进行镇压,始得"与神通",从而在世间君主的基础上又获得了代表天道上帝的神权代言人地位。然后是学仙修炼、通神祭神、铸鼎和乘龙升仙。可见,要取得与上天神灵相通的资格,必先要有人间权力作为保障,拥有与神相通的本领,这是君权神圣、地位正统和功德圆满的标志。在这里,鼎既是黄帝得到启示和帮助,导引其完成事功、学仙修德的灵异宝物,又是其蓄志修德、功高德昭之后修成正果的象征,所以,鼎成而龙现,黄帝得以乘龙升仙。在黄帝修德铸鼎和升仙的过程中,龙则以其神秘灵动和能力非凡而成为黄帝功德圆满的兆应和升天成仙的桥梁。于是,通过黄帝的学仙修炼和事功卓著,将同具神圣和权威等功能的鼎和龙作为其神人一体、得道成仙的标志和凭借而有机联系起来。这一静一动、一实一虚的灵异之物经由黄帝而联姻,不仅实现了龙与

鼎的结合，标志着龙鼎文化的形成；而且，作为统治者神化王权和显示正统的宗教凭借和理论根据，也随之得到深化和拓展。

  黄帝修仙成功而登天升仙，随黄帝升天的有72人，其他"余小臣不得上，乃悉持龙须，龙须拔，堕，堕黄帝之弓。百姓仰望黄帝既上天，乃抱其弓与胡须号，故后世因名其处曰鼎湖，其弓曰乌号。"今陕西黄陵县桥山即是人们为纪念黄帝而修的衣冠冢。

## 三、西方昆仑圣母宫

在中国古代神话传说系统中,西王母是一个身份角色极为复杂而又很重要的人物。一方面文献所载西王母活动时间跨度很长,从黄帝、帝尧、帝舜、到周穆王,都曾与之有交往。另一方面西王母的身份角色多元,如女王形象由半人半兽到优雅华贵,身份从神话中的女王到仙话道教中的女仙,再到人间掌管婚姻和生育的女神等等。尽管如此,西王母作为远古时代我国西部羌戎部族的首领,与昆仑山、周穆王、汉武帝相关的故事传说均主要发生在甘肃地区则是无疑的。而脍炙人口的穆天子西征与西王母相会的故事,正是早期中原与西部部族间交流交往的史实在神话中的曲折反映。

### 1. 泾川回山王母宫

在中国神话系统中,西王母是一个具有特殊地位而又身份复杂的人物。先秦典籍《山海经》《竹书纪年》《庄子》《尔雅》都留下了对西王母的记载,但所记内容各不相同,或为人,或为神,或为兽,或为帝,不一而足。有人考证认为西王母当是一个长期活动于西部荒远之地的部族女首领,该部族是以猴为图腾的羌戎部族。① 这一看法是比较可靠的，因为无论文献记载还是民间传说，西王母的事迹和活动大多与昆仑山有关，也主要在西部活动。

关于西王母及其形象的记载最早出现于《山海经·大荒西经》：

> 西海之南，流沙之滨，赤水之后，黑水之前，有大山，名曰昆仑之丘。有神，人面虎身，有文有尾，皆白，处之。其下有弱水之渊环之，其外有炎火之山，投物辄然。有人戴胜，虎齿，有豹纹，穴处，名曰西王母。此山万物尽有。

这样的西王母是半人半兽形象。但《穆天子传》记载的西王母，则是一位优雅多才、能歌善舞的女首领。从她的唱词"徂彼西土，爰居其野"可知西王母之族原不在此，而是受"嘉命"迁往西土并长期驻守于虎豹成群、飞禽出没的西荒之地。

《路史》直接认为西王母为西戎族，则西王母即是西方羌戎部族的首领。《尔雅》说："西荒有西王母国"，西王母所居的昆仑丘和西王母之邦也俱在我国西部。但万物尽有的昆仑山显然不是今新疆境内的昆仑山，而是今祁连山。汉代敦煌郡有昆仑塞，在酒泉南，"匈奴谓天为祁连。"《括地志》又说：

> 昆仑在肃州酒泉县南八十里。《十六国春秋》：魏昭成帝建国十年，凉张骏酒泉太守马岌，上言酒泉南山，即昆仑之体。周穆王见西王母，乐而忘归，即谓此山。有石室、王母堂，珠玑镂饰，焕若神宫。又删

---

① 范三畏《旷古逸史——陇右神话与古史传说》，甘肃教育出版社 1999 年版，第 241~258 页。

平凉市泾川县回中山西王母宫外景

丹西河名云弱水,《禹贡》昆仑"在临羌之西",即此明矣。

汉代临羌为金城郡属县，地在今西宁市西，弱水即今黑河，源自酒泉之南祁连山中。石室、王母堂等当在周穆王所书"西王母之山"弇山，注者俱以为即崦嵫山。

古籍关于昆仑山的记载，不止一处，这是古代部族迁徙地名随着迁徙的常例。今西秦岭的嶓冢山和六盘山的回中山也是见于文献记载的昆仑山。嶓冢山即《尚书·禹贡》所载"嶓冢导漾，东流为汉"的嶓冢山，其地在今天水市西南的齐寿山。平凉市泾川县泾水、芮水汇合处有回中山，山脚的王母宫石窟开凿于北魏永平年间（508—511年），山上原有规模宏大的王母宫建筑群。"回中"一名说法很多，如道教称西王母为杨回之故；也有相传周穆王姬满游历泾川，在山阳之西瑶池沟，会西王母，临别时一再留恋回顾,故称回中山。"[1] 还有"相传周成王夜梦西王母于瑶池，西行访求，

---

[1]《甘肃古迹名胜辞典》，甘肃教育出版社1992年版，第107页。

被一座气势雄伟的高山挡住去路,便驱车返程,回首眺望,"所以称回中。甚至还有认为回中不是具体地名,而是西汉所设安定郡一带的区域名。

从广义角度看,祁连山向东延伸,可与秦岭、陇山(六盘山)相连,故将之称为昆仑山,也许比河西昆仑山时间更早。联系到西王母曾说其部族奉命西迁,则回中山所在六盘山一带正是其原居地所在。正因为这里是西王母及其羌戎部族故地,虽然后来他们西迁祁连山并以之称祁连山为昆仑山,原居地昆仑一名反而消失,但这里关于西王母的传说和故事却一直流传下来,并最迟在秦时就修建了回中宫。秦皇汉武都曾西巡并经过回中,公元前220年秦始皇西巡陇西,曾"出鸡头山,过回中焉"。汉文帝十四年(前166年)匈奴南下劫掠并烧毁回中宫。汉武帝更是多次西巡安定、回中,元封四年通回中道后,曾先后四次"行幸回中"。这些活动固然主要是经略国防,但其循周穆王故事来此当也在情理之中。据《大明一统志》记载:

> 王母宫,在泾州西五里。旧志武帝时西王母乘五色云降,后帝巡郡国望五色云而祀之,而五色云屡见于此,因立祠,后改为宫。

唐崔立诗:

> 九光飞鞅去何遥,千载灵踪隔降霄。
> 汉殿杳沉青鸟信,昆丘谁听白云谣。
> 林峦尚锁空台馆,城邑全非旧市朝。
> 怀古望真情不尽,片心孤逐断云飘。①

---

① 《大明一统志》卷三五《平凉府》,文渊阁四库全书本。

这是说汉武帝在位时西王母曾乘五色云出现,而且在汉武帝行巡安定、回中时多次出现五色云,遂于元封元年在此建王母宫。汉乐府《铙歌》就有《上之回》取材于汉武帝与西王母故事,影响深远。故从汉代以来,这里一直成为人们祭祀祈福西王母的圣地,历经多次扩建增修,庙宇林立,香火不断,声名远播。历代文人雅士多有诗文碑刻留存,如著名的《王母宫颂碑》为北宋翰林学士陶谷撰文,篆书书法家上官佖书丹,堪称精品。再如清代所绘明嘉靖年间增修后的王母宫建筑图,完整再现了王母宫建筑群的巍峨壮观和结构布局,宫观建筑东西一线有一天门、二天门、三天门、玉皇殿、王母大殿、三清楼、文昌阁等,王母大殿两厢又有周穆庙、汉武庙,此外还有望河楼、留客亭、晓钟亭、旷如亭等,盛况空前。清同治七年(1868年)西北兵燹后,王母宫建筑大部被毁。1926年陈博文所著《甘肃省》一书曾对回中山及王母宫有记载:

出泾川县的西门,渡芮河,约四里许,至回中山,相传说周穆王、汉武帝先后曾经来此游过,有石碑屹立,上书"古瑶池降王母处"七个大字。山中有大佛洞,中架飞阁,上有王母宫、三清楼、文昌阁等许多胜地。瑶池在山的南面,有泉水从石隙流出,滴沥如雨,其傍峭壁悬岩,黑如古铁,风景极好。①

改革开放以来,王母宫作为文物古迹保护单位,不仅建筑大部得以恢复,而且基础设施日趋完善,现在的王母宫、石窟、碑刻、建筑错落有致,苍松翠柏掩映,花草树木锦簇。一个自然美景与人文古迹完美结合的名胜区以新的姿态吸引着海内外各地的人们前来游览朝拜。

---

① 陈博文《甘肃省》商务印书馆民国十五(1926)年三月出版。

## 2. 穆天子与西王母

西王母应该是羌戎部族女首领的统称,早自黄帝时代,下至周穆王、汉武帝,西王母都曾与中原有交往。据传说和有关文献记载,黄帝时,西王母向黄帝献白玉环。帝尧曾亲身前往西方,涉流沙,西见王母。帝尧还曾派遣后稷为使者,西行见西王母。帝舜修祠庙祭祀帝夊,西王母来献白环五块。这实际上反映了西王母之国与中原政区间的交流交往源远流长。

在西王母故事中,最脍炙人口的当属周穆王西巡与西王母瑶池相会的故事,《竹书纪年》和《穆天子传》等文献对此都有记载。

穆王的这次西巡,是在穆王十七年,《今本竹书纪年》说"十七年,王西征昆仑丘,见西王母。"依《穆天子传》记载,穆王西巡的经过大致是以河宗伯夭为向导,乘造父所驾的八骏马车,从王都宗周出发,率六师西行。这次西行,穆王带去了大量的金银珠帛,作为馈赠之礼,与沿途各部族友

平凉市泾川县回中山西王母殿

好交流并互通有无。其行游路线大致是穆王先入河北至滹沱河之阳（今山西北部），再来到犬戎地区。穆王受到犬戎的热情款待。接着，穆王继续西行，到达"焉居、禺知之平"。又西行至㠩人居地，其首领柏絮派人迎接，并送上豹皮、良马。穆王逗留数日后继续西行，至阳纡之山，河宗伯夭迎穆王于燕然之山，穆王以"束帛加璧"劳之，伯夭使人送上礼物。穆王在燕然之山、河水之阿行朝拜大礼。然后伯夭亲乘渠黄马作穆王向导，以极西土。沿途经过赤乌人、曹奴人部落至群玉之山。在此，穆王"取玉三乘，玉器服物，于是载玉万只。"又西行至剞闾氏部落、鹑韩氏部落，最后到西王母之邦。

周穆王与西王母相见的场面《穆天子传》卷三有生动的描写：

> 吉日甲子。天子宾于西王母。乃执白圭玄璧，以见西王母。好献锦组百纯，□组三百纯，西王母再拜受之。
>
> 乙丑，天子觞西王母于瑶池之上。西王母为天子谣，曰："白云在天，丘陵自出。道里悠远，山川间之。将子无死，尚能复来？"天子答之曰："予归东土，和治诸夏。万民平均，吾顾见汝。比及三年，将复而野。"西王母又为天子吟曰："徂彼西土，爰居其野。虎豹为群，於鹊与处。嘉命不迁，我惟帝女。彼何世民，又将去子。吹笙鼓簧，中心翱翔。世民之子，惟天之望。"天子遂驱升于弇山，乃纪丌迹于弇山之石而树之槐。眉曰："西王母之山。"

从以上记载可知，穆天子与西王母的瑶池相会既非常隆重，又情义浓烈。穆天子赠以大量丝绸等礼物，西王母不仅行礼拜谢，而且翩翩起舞，通过歌谣表达了邀请穆天子再次来到西王母国的愿望。穆天子对西王母的邀请，也做出积极的唱和回应，答应回到东土，三年内使国家安宁、百姓乐业，天下太平之后，他愿再次相会。西王母还以吟唱的方式，讲述了她"帝女"的身份和受命西迁西荒之地不得离开、与虎豹为群的原委，并祝福穆天子能够得到上天护佑。最后，穆天子又在弇山举行仪式，刻石记其相会和封赏经过，并命名弇山为"西王母之山"。这实际标志着西王母之国由此被纳入周王朝的"五服"统治体系，正是所谓"戎狄荒服"的体现。

《今本竹书纪年》又说："其年，西王母来朝，宾于昭宫。"正是有了穆王与西王母之间的相互唱和与见面，遂被后世演绎成一段传奇动人的传说故事。如果说穆王此次西巡，与西王母相会是其中一个高潮的话，那穆王沿途与多个邦国部族的交往，也同样大大密切了双方的友好关系。穆王西巡往返行程总计三万五千里，所历邦国部族约三十多个，所到之处皆受到热情友好的接待，并且相互赠送物品。周穆王的赏赐多为金银器皿、珠宝玩物、雕彩漆器、朱砂、桂姜，还有大量的丝绸织品，沿途各部落、邦国所献多为本地所产马、牛、羊、狗、玉石等。由此可见，在周穆王时，西周国力强盛，其势力和影响已远至西域。所以，这是一次西周重要的邦交和经济文化交流活动。

周穆王西巡就是西征，实际上，穆王见西王母的这次西巡是他的第二次西征。据《史记》记载，穆王十二年，穆王西征犬戎，"得四白狼四白鹿以归，自是荒服者不至。"穆王"遂迁戎于太原。"太原即今甘肃庆阳一带。这次西征不仅没有收到让犬戎归服的效果，反而引发其他邦国也背叛周室的负面效果。

值得一提的是《穆天子传》中还记载了穆王伐犬戎、与西王母相会的两次西巡活动中，后来建立赵国的赵人先祖造父，因善于养马驾车而随穆王出行，并为穆王驾车，成语"一日千里"的故事即由此而来。穆王所乘的车为"八骏之乘"，这八匹骏马分别为赤骥、盗骊、白义、逾轮、山子、渠黄、华骝、绿耳。史称："癸酉，天子命驾八骏之乘，赤骥之驷，造父为御"。

"造父为缪王御,长驱归周,一日千里以救乱。"当时,东方的徐偃王作乱,军情紧急,所以造父驾车一日千里火速归周,前去平叛。

《穆天子传》以及有关文献所载的穆天子与西王母相会故事及其情节未必真实,但周穆王西巡并与西王母相见当为真实的存在,与史籍记载相呼应。就此而言,西王母和周穆王的会见,这是西部民族和东部中原民族和睦相处的写照。晚唐诗人李商隐游泾川王母宫时曾赋诗写道:

瑶池阿母倚窗开,黄竹歌声动地哀。
八骏日行三万里,穆王何事不重来。

虽然穆王西巡的全部过程、路线及地名我们还很难完全复原,但它与历史上丝绸之路经行的区域和路线大体相符,因而,这也是我国早期打通向西交通的一次成功探索;周穆王也成为我国历史上卓有建树的旅行家和探险家。

### 3. 汉武帝与回中宫

汉武帝与秦始皇一样是位雄才大略的帝王,他不仅在位时间长,在政治、经济、文化、军事诸方面为维护西汉统治,加强大一统中央集权统治建树颇多,而且他破匈奴,占河西,开西域,通丝路,灭南越,使汉王朝空前强大,声名远播。与此同时,汉武帝也是一位迷信鬼神,喜好长生不老之术的君主。在位期间,建宫室园囿,行封禅,祠五畤,并模仿黄帝求道修仙,曾多次行幸回中,朝拜西王母。后世遂有了以武帝与西王母相会等内容为题材的传奇故事《汉武故事》广为流传。

《汉武故事》又名《汉武帝故事》,共一卷,一般认为是一篇杂史杂传类志怪小说,作者不详,成书年代不早于魏晋。全书以汉武帝从出生到死葬茂陵的传闻轶事为主，主要内容是武帝为长生不老而求仙问道，同时也写了当时一些历史人物的逸闻轶事等。史实多与《史记》《汉书》相左，而杂以妖妄之语。书中关于汉武帝与西王母相会的描写，其故事大意是：

在今河南濮阳一带的东郡，有人给汉武帝送来一个小人，这个小人高只有七寸，但衣冠整齐。小人经常在桌案上走来走去，汉武帝怀疑这个小人是山精，便召来东方朔询问是什么东西。东方朔来一见到小人就说"巨灵，你为什么叛逃来了，你妈没来？"小人对东方朔问话置之不理，反而指着东方朔对汉武帝说："王母种蟠桃，三千年才结果，这小子非常坏，竟然偷吃了三次，王母对他失望至极，一怒之下就把他贬到这里来了。"汉武帝大惊，这才知道东方朔不是世间凡人。小人又对汉武帝说："西王母派臣来告诉陛下求道之法：唯有清净，不宜躁扰。五年后她会来和陛下相会。"说完就不见了。

平凉市泾川县回中山西王母塑像

转眼到了西王母约定相会的日子，汉武帝在寻真台斋戒，并让人备置花草装饰。王母遣使对汉武帝说："七月七日我当前来。"到了那天，汉武帝让人清扫宫里，点上九华灯。汉武帝去承华殿斋戒，中午的时候，忽然看见有青鸟从西方飞来聚集于殿前。汉武帝问东方朔，东方朔回答说："西王母必定今天降临，应该仔细打扫宫室耐心等待。"汉武帝于是让人布置帷帐，燃兜末香，这种香是兜渠国献上的，如大豆一般，涂抹在宫门上，香气外飘数百里。当时关中正经历大疫，不断死人，燃此香时，就不再死人了。当晚七刻，空中无云，隐隐伴有雷声，漫天紫色。过了一会儿，西王母就来了。只见西王母乘坐着紫车，左右有玉女伴驾，西王母头戴七胜，穿着饰有玄色美玉和凤凰纹的鞋，青气环绕犹如云彩，有两只青鸟，其状如乌，侍奉于西王母左右。西王母下驾，汉武帝上前迎拜，请王母入座，求赐不死之药。西王母说："最上等的药，有中华紫蜜、云山朱蜜、玉液琼浆，其次有五云之浆、风实、云子、玄霜、绛雪。这等药物只有上握兰园之金精，下摘圆丘之紫才能得到，陛下积聚于胸中的感情不能消除，欲望太多，不死药是得不到的。"接着，西王母拿出七枚蟠桃，自己吃了两个，给了汉武帝五个。汉武帝留下桃核叫随从收好。西王母问："你留下桃核干什么用呀？"汉武帝说："这个桃子很好吃，我想留下桃核种成树。"西王母笑着说："这个桃子三千年才结果，不是下界的土壤能种的。"不知不觉到了五更天，两人的交谈说的都是世间百态，西王母不愿说鬼神之事，并表示要走。东方朔隔着朱鸟牖偷窥王母，王母对汉武帝说："这小子经常做坏事，浅薄顽皮，久被革职，贬到人间不得返回天上；但这次发现他本心不坏，那到时候就得让他回去。陛下应该善待他。"话一说完，西王母就走了，汉武帝陷入惆怅之中。

后来汉武帝诛杀道士、妖异者百余人。西王母派遣使者给汉武帝传话说："你既想求仙，又想见到神人，但却杀戮无辜，我与你从此绝交。"西王母托使者又转交汉武帝三个蟠桃，说"吃了这些桃子就可以高寿。"使者来的这天正好东方朔死了，武帝很是迷惑，便问使者原委。使者说："东方朔原是木帝之精下凡游历人间，视察天下，并非陛下的臣子。"汉武帝于是厚葬了东方朔。

这种离奇的故事充满神秘色彩和荒诞不经，却在民间深受欢迎，因而才能一直流传下来，成为文学作品经常描写的对象。如唐代诗人曹唐创作的一首七言律诗《汉武帝将候西王母下降》，写的正是这一故事：

> 昆仑凝想最高峰，王母来乘五色龙。
> 歌听紫鸾犹缥缈，语来青鸟许从容。
> 风回水落三清月，漏苦霜传五夜钟。
> 树影悠悠花悄悄，若闻箫管是行踪。

西王母与汉武帝神人相会的故事虽然荒诞不经，但却曲折反映汉武帝喜好求仙问道，多次行幸回中宫拜望西王母的史实。而且，汉武帝自比黄帝，游历全国各地求仙问道、祭祀神灵的经历，其曲折性、丰富性和故事性并不亚于《汉武故事》。我们从汉武帝回中拜望西王母和获宝鼎求仙的经历中可窥一斑。

据《汉书·武帝本纪》记载，汉武帝元封四年（前107年）"冬十月，行幸雍，祠五畤。通回中道"后，从元封六年（前105年）至太始二年（前95年）的十年时间，先后四次到回中，分别为元封六年冬、太初四年冬、天汉二年春和太始二年春正月，如此频繁在冬春季节行幸回中，无疑与汉武帝至回中宫朝拜西王母有关。

回中宫当为秦时所建，秦始皇二十七年（前220年）曾"巡陇西、北地，出鸡头山，过回中。"汉文帝时，匈奴"奇兵入烧回中宫。"汉武帝在行幸回中前后,还曾四次前往回中宫所在的安定郡，分别为太初元年（前104年）"秋八月，行幸安定。"太始四年"十二月，行幸雍，祠五畤，西至安定、北地。"征和"三年春正月，行幸雍，至安定、北地。"后元元年（前88年）"春正月，行幸甘泉，郊泰畤，遂幸安定。""上遂郊雍，至陇西，西登崆峒，幸甘泉。"黄帝问道广成子的鸡头山即崆峒山就在安定郡。可见，安定郡的鸡头山、回中山与回中宫都是汉武帝多次行巡之地，当与求仙和朝拜西王母有关。

说到汉武帝求仙，这就不能不说武帝得宝鼎而模仿黄帝求仙的经历。《史记·封禅书》记载：

> （太初三年）其夏六月中，汾阴巫锦为民祠魏脽后土营旁，见地如钩状，掊视得鼎。鼎大异於众鼎，文镂无款识，怪之，言吏。……乃以礼祠，迎鼎至甘泉，……至长安，公卿大夫皆议请尊宝鼎。"……遭圣则兴，鼎迁于夏商。周德衰，宋之社亡，鼎乃沦没，伏而不见。……今鼎至甘泉，光润龙变，承休无疆。合兹中山，有黄白云降盖，若兽为符，路弓乘矢，集获坛下，报祠大享。唯受命而帝者心知其意而合德焉。鼎宜见於祖祢，藏於帝廷，以合明应。"

大臣们的建议得到武帝认可，于是在当年秋天武帝至雍城行郊礼，方士公孙卿说武帝得鼎与黄帝时情况相同，出宝鼎就可通神，也可以行封禅大礼：

> "今年得宝鼎，其冬辛巳朔旦冬至，与黄帝时等。"……卿曰："申公，齐人。与安期生通，受黄帝言，无书，独有此鼎书。曰'汉兴复当黄帝之时'。曰'汉之圣者在高祖之孙且曾孙也。宝鼎出而与神通，封禅。封禅七十二王，唯黄帝得上泰山封'。申公曰：'汉主亦当上封，上封能仙登天矣。'"

正是在上述背景下，汉武帝更是巡行各地，多次至泰山，行封禅，建明堂，求仙药，立太一，祠五畤，祭黄帝，改年号，幸回中等等。由此可见，武帝多次至安定，行幸回中，除了安抚边地，拓展交通，加强国防等目的外，问道求仙、朝拜西王母也是其"行黄帝事"的具体反映。

周秦早期文化奠国基

陇原大地的远古文化，从大地湾一期文化到马家窑文化和齐家文化，一直以文化传承脉络清晰，文化内涵丰富，文明因素独特多样而著称，与中原各支文化同步并进、交相辉映，共同为中华文明的形成与绽放发挥了奠基作用。然而，位居西北高原的甘肃地区，随着仰韶温暖期暖湿气候的结束和寒冷气候的到来，曾经辉煌壮美的古文化开始衰落。分布广泛、兴盛一时、以率先铸造青铜器而著称的齐家文化也因此最后解体。青铜时代活跃于甘肃的多支文化以及种类繁多的氐羌西戎各族，在中外文化传播交流、畜牧文化汇入中原文化中发挥了重要作用；它们也随着周、秦王朝的崛起而渐次被征服、同化于华夏族，共同为多元一体的中华民族、中华文化和一统国家的形成，做出重要贡献。

## 一、青铜文化耀华夏

青铜时代的出现是文明时代开始的重要标志之一,我国目前所知时代最早的青铜器出土于甘肃地区的马家窑文化类型的遗址中,继之兴起的齐家文化和四坝文化则出土了数量可观的青铜器,由此开启了中国的青铜时代。

### 1. 分布广泛的齐家文化

齐家文化最早由瑞典考古学家安特生 1924 年在甘肃洮河流域进行考古调查时所发现,因第一次在广河县齐家坪发现此类遗址,故以齐家文化相命名。虽然当时安特生对齐家文化的性质和时代做出错误的判断,但甘肃远古文化的考古探索却由此发端。此后特别是中华人民共和国成立以来大量新石器时代各类遗址的发现和发掘,甘肃远古文化的特点和年代序列逐步得以确认。齐家文化即属于马家窑文化之后兴起于甘青地区的土著文化,当是在甘肃东部常山下层文化和中部马家窑文化交互影响下而生成的,其文化年代约在距今 4200—3800 年,与夏王朝的早中期时间相当。

齐家文化分布范围相当广泛,在东起泾渭流域,西到河西走廊东部及青海湟水流域,北达宁夏南部和内蒙古阿拉善左旗,南至白龙江的广大地

齐家坪遗址全貌

区均有分布,其中渭河上游、洮河与湟水中下游是中心区域。目前,齐家文化遗址已发现 1100 多处,其中甘肃境内 650 余处。经过考古发掘的遗址有甘肃永靖县大何庄、秦魏家、张家嘴、姬家川,广河县齐家坪,兰州市青岗岔,天水市西山坪、师赵村、七里墩,秦安县寺嘴坪,武山县傅家门,灵台县桥村,武威市皇娘娘台、海藏寺;宁夏固原海家湾,西吉兴隆镇;青海大通县上孙家,乐都县柳湾,贵南县尕马台和西宁市沈那等。按区域特点,齐家文化又可分为三个区域,东区为甘肃境内泾水、渭水和西汉水流域,中区包括甘肃中部地区的黄河及其支流洮河、大夏河流域,西区为河湟谷地和河西走廊。三个区域也各属一个类型,分别为七里墩类型、秦魏家类型和皇娘娘台类型。各类型本身也存在时间早晚的差异。

齐家文化时期的居址与马家窑文化一样,一般选择在河流两岸发育较好的台地上,聚落大小不一,较大的如皇娘娘台遗址面积 12.5 万平方米。

聚落内有房址、窖穴、陶窑、墓葬等，有祭祀用由砾石筑成的"石圆圈"，房址以半地穴式为主，平地起建的房屋也不少。房子有方形、圆形、凸字形等多种样式，居住面和四壁近底部大都涂白灰面，白灰面即可防潮，又光洁美观坚固，是一项改善居住条件的标志性进步。室内正中一般有圆形灶台，门道多南向。房屋附近多有储存粮食和其他物品的窖穴，如师赵村齐家遗存26座房子周围有17个窖穴，许多遗址都有炭化粟粒的发现，这既说明粟是当时主要的作物，也是农业经济发达的标志。饲养业除了猪、鸡、羊、牛、狗外，已开始马和驴的饲养，但猪占饲养业的主体，师赵村发现的猪骨占兽骨总量85%，大何庄占73%，这同样体现了农业的繁盛。

齐家文化生产工具仍以磨制石器为主，类型较前有所增多。骨器除常用的铲、锥、匕、针、镞外，出现骨叉、骨锄，用动物下颌骨或肩胛骨制成的铲刃宽而锋利，数量也多，是一种效率颇高的农具。制陶业十分发达，已掌握氧化焰和还原焰烧窑技术，陶器多为轮制，作坊规模化、专业化程度增强，陶器器类繁多，造型多样，纹饰特色鲜明，以素陶为主，彩陶占比较马家窑文化明显下降。

齐家文化最能体现社会生产进步的是玉石业与青铜铸造业的出现和发展。玉器制作当是在磨制石器基础上产生的。从天水师赵村、武威皇娘娘

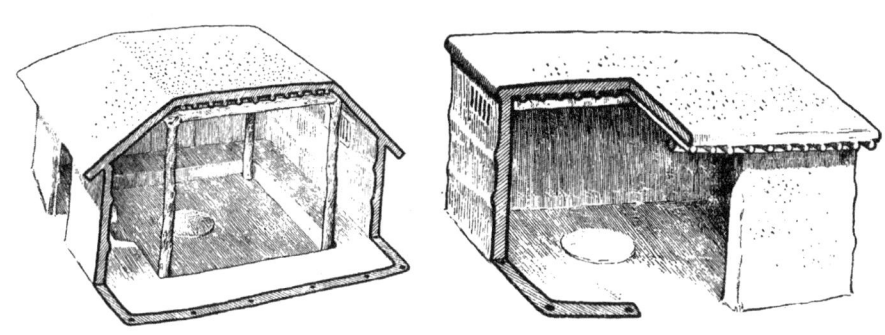

大何庄齐家文化房址复原图

台、海藏寺等遗址出土了数量可观的玉器,据统计达 2997 件。这些玉器多为素面,无纹饰,但玉器所拥有的内涵、功能却都已具备。它与良渚玉器、红山玉器并称为中国"三大玉系"。

甘肃地区自马家窑文化类型的林家遗址和蒋家坪遗址出土了青铜刀为标志,拉开了青铜铸造的序幕,进入齐家文化时期即开始进入青铜时代。在此类遗址出土的青铜器种类有刀、斧、锥、镰、凿、钻、匕、矛等工具和武器,镜、钗、镯、钏、耳环、指环、鼻环、臂筒等生活用具与装饰品,还有铜泡等装饰件。红铜和青铜并存,砷青铜、铅青铜、锡青铜、铅锡青铜均有,以砷青铜和铅青铜为主。说明红铜冶炼技术已趋于成熟,青铜冶炼已告别原始阶段。在铜器制作方法上,既有锻制也有铸制,并掌握了简单的合范技术。空首斧、骨柄铜刀、铜锥都是典型器物,尤其是齐家坪祭台出土铜镜和临夏出土星纹铜镜是目前中国所见最早的铜镜,将中国铜镜生产的时间提前了两千年,并直接影响了中原铜镜的产生,它"形成了中国铜镜的早期传统,然后才扩展到国内各地。"[①] 到齐家文化后期,铜器种类和数量空前增多,铜器铸造开始占据优势,这些无疑都是中原青铜铸造兴起的先声。齐家文化以及其后的四坝文化开启了中国的青铜时代。

齐家文化时期也就是中原夏王朝建立前后,从总体发展来看,齐家文化时期以玉器制作快速发展,青铜铸造率先兴起,包括农耕工具的改进,陶器大量存在和制陶专业化,麻布和蚕丝纺织技术出现,马匹驯养开始等为标志,显示齐家文化社会生产力水平已发展到新的高度。与之相对应,齐家文化社会结构已发生深刻变化,如从墓葬中二次葬的减少和男女合葬墓的普遍出现,结合各遗址大量小房址的存在,说明一夫一妻制小家庭是社会生活的基本单位。许多男女合葬墓中男性居中,仰身直肢,女性居左方,

---

[①] 李学勤《比较考古学随笔》,广西师范大学出版社 1997 年版,第 59 页。

侧身屈肢面向男性。在皇娘娘台发现的 3 座一男二女成人合葬墓，均为男性居中仰身直肢，二女侧身屈肢面向男性，丰富的随葬品全集中在男性身边，这是夫权制在墓葬中的典型体现，意味着父权家长制已经确立，而它是以族内贫富分化和一部分人被奴役为基础的。再从墓葬规格和随葬品差别来看，大型墓葬已有墓室和墓道，墓道长 4.2 米，随葬品丰富，甚至有绿松石之类珍贵饰品。而小墓葬坑长仅 1.5 米，无随葬品，可见差距悬殊。秦魏家墓地中，有的墓葬随葬猪的下颌骨多达 68 块，但多数墓葬没有一块；皇娘娘台有的墓葬随葬玉器多达 83 件，而多数墓葬不见玉器。如此显著的贫富分化，表明社会财富和剩余产品已集中于少数首领、家族长和祭司、巫师等手中。他们将服务大家的公共管理权变为支配剩余产品、控制公社成员、占有财富私有的权力，于是，压制与被压制、剥削与被剥削的阶级对立由此形成。在齐家坪、西山坪墓地中人殉、人牲现象的揭示，清楚地说明被奴役、被征服群体的存在，这是军事民主制时代战争与人殉、人祭相伴产生的直接反映。[①] 石圆圈和祭祀坑的出现，还有早已存在又在齐家文化中进一步发展的灼羊骨占卜习俗等，都是宗教阶层出现的标志。玉器是有特殊用途和象征意义的器具，从墓葬中少数人陪葬有玉和玉器性状推断，玉琮、玉璧是专职的巫师用于侍奉神灵的神器，属玉神器。大量玉刀、玉钺、玉璋和玉锛等是仿兵器制作的大型礼制性玉器，它的出现则成为军权或王权的象征物，也是原始氏族部落的解体和王权诞生的表征。

### 2. 青铜时代的多元考古文化

作为一支分布广泛，在甘青地区势力强大并与夏王朝同时并立、即将

---

① 刘光华主编，祝中熹著《甘肃通史》第 1 册，甘肃人民出版社 2009 年版，第 94~96 页。

跨入文明的齐家文化，却在距今 3800 年前后衰落解体，自前仰韶时代以来持续约四千年不断发展的锄耕农业经济，"出现了大范围的经济文化类型的转变，似乎在一夜之间，都从原来定居的河谷地区四散离去，变成了到处游动的牧羊人。"① 环境科学和历史气候的研究表明，在距今四千年前后，此前长期温暖湿润的气候开始变冷，出现小冰期，气温下降明显，比今天的气温要低 1~3 度，② 比此前的仰韶温暖期则要下降 3~5 度。正是随着这样的寒冷气候的来临，数千年来温暖气候下适宜于农业经济的气候条件和自然环境发生逆转，齐家文化也随之衰落。此后，在甘肃地区兴起的是一些以畜牧经济为主兼有农业，同时或前后并存的地域性青铜文化，主要有四坝文化、辛店文化、寺洼文化、沙井文化等。

（1）四坝文化

四坝文化因首先发现于山丹县四坝滩而得名，系 1947 年国际友人路易·艾黎创办的山丹培黎学校在四坝滩开挖水渠时所发现，后来对其进行过文物调查和采集。1976 年甘肃省文物工作队在玉门火烧沟遗址，清理墓葬 312 座，出土各类铜器 200 余件，陶器近千件。1987 年甘肃省文物工作队与北京大学、吉林大学联合对酒泉干骨崖、民乐东灰山遗址进行了发掘，其中，东灰山清理墓葬 249 座，文物 985 件，干骨崖清理墓葬至今共计达到 700 余座。2003 年又在酒泉肃州区西河滩发现大型聚落遗址。以上发现反映了四坝文化的基本面貌，它以青铜文化发达而著称。

四坝文化主要分布于河西走廊祁连山以北地区，东起山丹，西达新疆哈密盆地，文化年代距今 3900—3500 年，约当中原夏代后期至商初。火

---

① 水涛《中国西北地区青铜时代考古论集》，科学出版社 2001 年版，第 175 页。
② 周尚哲《中国西部全新世千年尺度环境变化的初步研究》，《环境考古研究》第 1 辑，科学出版社 1991 年版。

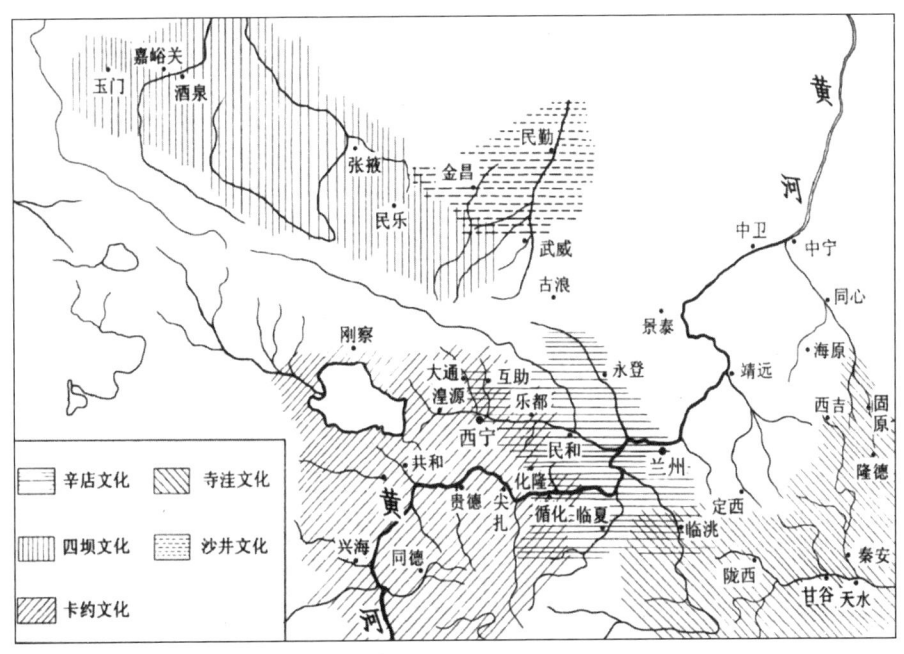

青铜时代诸文化分布图

烧沟遗址200余件青铜器出土于106座墓葬中,还发现制作精美的金、银耳环和玉器,一处遗址出土如此之多的青铜器前所未有。这批铜器有刀、削、锥、斧、戚、凿、镢、匕、矛、镰、针、镞、权杖、泡、钏、管、镯、鼻环、镜等近20余个种类。这些器具既有红铜也有青铜,青铜多于红铜,表明齐家文化之后的青铜铸造工艺已有明显进步。火烧沟遗址出土四羊首权杖头饰是通过复合模具分铸之后镶嵌于器身的,工艺复杂精美,是我国最早的青铜分铸工艺品。

该文化房址有半地穴和平地起建两种,出现一间主室三间侧室的套房,地面硬化处理,室内一至数个烧烤坑和储藏坑,墙壁开始用土坯和夯筑。墓葬常见长方形竖穴土坑墓、竖穴偏洞室墓和带龛墓。贫富分化明显,随葬品以陶器为主,数量差别很大,多者19件,少者1件,少数墓有金、银、铜、玉、绿松石、玛瑙珠、贝、蚌等随葬品。特别是出土的百余枚海贝,有的含于死者口中，有的穿成长串，有的贮于陶器中，可能已赋予其货币职能。[1]20多座墓存在人殉和人牲，并殉葬有牛、马、羊、狗、猪等骨骸。东灰山遗址还发现大量卜骨。

陶器以双耳和四耳带盖罐最具特质，彩陶约占陶器半数以上，花纹承袭马厂文化，器型与皇娘娘台齐家文化器物非常接近。四坝文化就是在上述文化影响下发展起来的。从遗址出土小麦、大麦、黑麦、粟、高粱标本可知其农业相当发达。而普遍存在的畜类随葬习俗表明，牧业在经济中比重更大。

（2）辛店文化

辛店文化是安特生1924年在甘肃考古调研时发现的第一个遗址，地点在临洮县洮河东岸的辛甸镇，因误将"辛甸"写成辛店，故沿用至今。截止目前，辛店文化遗址已发现356处，分布于东起陕西宝鸡地区，西到青海共和盆地之间的渭河、洮河、大夏河湟水流域地区，其中以大夏河和湟水流域分布最为集中。已发掘的主要遗址有甘肃永靖张家嘴、姬家川、莲花台、临夏马路塬、甘谷毛家坪、东乡县崖头、青海民和县山家头、核桃庄、大通县上孙家、乐都县柳湾、循化县阿哈特拉等，根据各遗址发掘情况，一般将辛店文化分为三个类型，即山家头类型、姬家川类型和张家嘴类型。文化年代距今3400—2700年，约相当于商代至西周时期。由于辛店文化与齐家文化面貌接近，在一些遗址中也存在文化层的叠压关系，所以辛店文化源于齐家文化，又被认为是古羌人的文化遗存。

辛店文化生产生活器具有石器、骨器、铜器、陶器等。冶铜业较齐家文化明显进步，青铜成为铜器的主流，铜器有弧刃带柄刀、长方銎矛、匕、锥、

---

[1] 国家文物局主编《中国文物地图集·甘肃分册》（上），测绘出版社2011年版，第103页。

带钩、铃、扣、泡等，特别是发现了最早的青铜容器罐，这是商周时期铜器以容器为主的开端，具有划时代意义。制陶业比较发达，器类比较齐全，造型以带耳把器居多，双耳罐、双耳壶、双耳鬲最为常见，其中双耳高领分档鬲是备受关注的代表性器物。彩陶较多，比例约占陶器数量的40%。

辛店文化聚落、房址、墓葬、农牧经济状况与四坝文化水平和发展程度相近似。该文化发现甘、青地区罕见的石棺墓，墓葬葬式多样，以仰身直肢葬为主，也有侧身屈肢、侧身直肢、附身、二次葬等多种葬式。整体分析，辛店文化与四坝文化大致处于相同的社会发展阶段，已接近文明社会的门槛。

（3）寺洼文化

寺洼文化由安特生1924年首先发现于甘肃临洮寺洼山，后经我国考古学家夏鼐1945年进行发掘并命名。该文化分布于东起陕西宝鸡，西至洮河上游，南起武都，北达宁夏之南的甘肃黄河以东地区，中心区域在洮河中上游、泾水、渭水及西汉水流域。文化类型可分为洮河流域的寺洼山遗存、渭河上游和西汉水流域的栏桥－徐家碾遗存、泾水上游的九站遗存三类。文化年代距今3400—2500年，约相当于商代中期至春秋晚期。

寺洼文化在石器、铜器、聚落、房址、农牧业、社会分化及发展阶段上与前述文化相似。制陶业在器型和装饰方面具有自身特点。陶器中以子母口器盖、三足小鼎、四足鬲为独有器形；马鞍形或双马鞍形口罐最具特点，出现用细陶末作掺合料的制陶工艺。陶器以素陶为主，部分陶器饰有拍印绳纹、刻画纹和附加堆纹，其中拍印绳纹竖行排列，多饰于罐类腹部；刻画纹多饰于颈部、肩部；附加堆纹形式多样，多饰于器物颈部、口部和耳把上。彩陶占比低，有黑、白两种彩，黑彩用于横、竖条纹、圆点纹、双钩纹等，白彩用于平行线纹和斜方格纹。个别器物有白色石珠和蚌饰，表明已掌握陶器镶嵌工艺。①栏桥－徐家碾遗存的有些器物的肩、腹和耳上，刻画有符号20多种，这些符号多见于豆、双马鞍口双耳罐和其他罐类上。比较常见的刻划符号有"w""心""◇""X""8""十""#""圻"等。"'X'、'十'、'圻'在商代的卜骨上经常能见到。……寺洼文化的刻划符号应是我国的原始文字，并且说明寺洼文化与殷周文化存在着一定的关系。"②它们比此前甘、青地区发现的刻画符号在形体上更接近于文字，故被认为是一种特殊形式的文字。③

寺洼文化墓地多在河谷高台地或溪旁缓坡上，墓式为长方形竖穴土坑墓，有南北、东西两种墓向，部分墓设二层台，并在头端泰山开龛，内置殉人或葬品。葬式有仰身直肢葬、二次扰乱葬和火葬。火葬仅见于寺洼山遗址一个墓葬，这里还有积石葬；徐家碾和九站墓地还存在木棺、木椁现象。

寺洼文化的来源和族属学界至今没有统一看法，一种意见认为这是一种外来文化，或就是长江中游地区三苗文化的一支沿汉水西至洮河流域。另一种观点认为是商周时期活动于西北的混夷或犬戎；或即是原来活动于海岱地区的东夷族畎夷的文化遗存。

（4）沙井文化

沙井文化也是安特生1924年在甘肃民勤柳湖镇、沙井村和永昌县三角城等地考古调查和发掘时发现，1948年中国考古学家裴文中带领西北地址考察队来此考察，发现不少与沙井遗址同类的遗存，并首次以沙井文化命名这一文化。该文化主要分布于兰州以西，祁连山以北，张掖以东的

---

① 刘光华主编，祝中熹著《甘肃通史》第1册，甘肃人民出版社2009年版，第232页。

② 谢端琚《甘青地区史前考古》，文物出版社2002年版，第十一章。

③ 唐兰《在甲骨金文中所见的一种意境遗失的中国古代文字》，《考古学报》1957年第2期。

甘肃境内。中心区域在民勤、金昌市、永昌、天祝等市县。文化年代距今3000—2500年，与西周、春秋时期同期。

沙井文化石器、铜器、陶器与同时期前述文化相近。青铜器铸造工艺明显进步，铜器中镞与刀的形制有改进，铜镞分柳叶形、三角形和双翼圆铤形；刀有直背环首式、弧背凹刃式、弧刃翘尖式、柳叶式等多种。铜饰件款式丰富，二联珠、三连珠、六联珠、九连珠和束腰形、多孔饰、镂雕马、狗、鹿等动物形饰比较常见，带有明显地北方草原鄂尔多斯青铜文化风格。陶器图案纹饰以三角形纹最普遍并富有特色，鸟纹特别是连续鸟纹传神优美。

在永昌三角城遗址和民勤蛤蟆墩遗址都曾出土毛、麻纺织品残片，质地粗厚但纹理结构清晰，为平纹结构，每平方厘米经线6根，纬线10根，纺织技术处于低级阶段。蛤蟆墩遗址还发现了用牛、马、羊皮加工的护手、刀鞘、腰带等皮革制品。金昌市尚家村三角城长154米，宽132米，面积2万多平方米，有黄土夯筑的高大城墙，城内发现房址、窖穴和文物。柳湖墩、黄蒿井遗址也有城址发现，发掘的房址均为平地起建。

沙井文化墓葬一般排列密集，大墓居中，小墓分列四周，墓式有竖穴偏洞墓和竖穴土坑墓两种，葬式以仰身直肢居多，也有侧身屈肢、二次葬、合葬等。随葬品种类多样，陶器较少，流行以马、牛、羊的头和蹄等随葬的习俗。随葬品差别悬殊，说明贫富分化严重。三角城遗址出土几件卜骨，为羊的肩胛骨，有明显灼、钻和凿痕及兆纹。

大量考古材料证实沙井文化呈现以畜牧业为主的经济社会生活，处于半游牧状态。由于地处沙漠边缘，随着气候变化沙井文化最后消失。该文化一方面深受马厂、四坝、辛店等文化影响，又与北方草原文化关系密切，是在它们共同影响下兴起的。一般认为该文化当是曾活动于河西地区的月氏、乌孙等族的遗存。

### 3. 引领风气的青铜铸造

人类由使用石器工具过渡到使用金属工具，无疑具有划时代的意义。我国最早发现的金属冶炼和金属器具，就在甘肃地区。

1977年考古工作者在甘肃东乡县马家窑文化类型的林家遗址出土了一件铜刀和几块冶炼残留的铜块。这件铜刀属铸造的锡青铜，距今约在5000年左右，是我国目前所知最早的青铜器。同年，在甘肃永登马家窑晚期类型的蒋家坪遗址又出土一件铜刀，亦为锡青铜，年代距今约4250—3950年。与之同期的还有酒泉照壁滩和高苜蓿地遗址出土的红铜锥与红铜块。这些零星发现虽然还不能证明中国开始进入青铜时代，但它为探索中国冶铜业的起源和发展提供了重要信息，并以实物证实马家窑文化的居民已经掌握了金属冶炼技术，并开始了冶炼合金青铜的最初尝试。

甘肃地区兴起的齐家文化与中原龙山时代至夏代相当，其年代在距今4200—3800年之间。该类型文化遗存出土的铜器不仅数量猛增，而且分布广泛。甘肃广河县齐家坪、西坪，康乐县商罐地，临夏市魏家台子，永靖县秦魏家、大何庄，岷县杏林，积石山县新庄坪，临潭县陈旗磨沟，武威市皇娘娘台、嗨藏寺，青海贵德县尕马台，互助县总寨，同德县宗日，西宁市沈那等遗址均有铜器发现，共计出土铜器130多件。铜器的种类也更多样化，包括斧、刀、镜、匕首、矛、锥、牌、钻、泡、镯、指环和骨

广河县齐家文化博物馆藏青铜环首刀

齐家文化铜镜

四坝文化四羊首青铜权杖头

柄铜刀等。按用途可分为装饰品、工具、兵器三种。其中，镜和矛器形较大，造型独特，装饰复杂；而单耳、双耳竖銎铜斧、带钮铜镜、人首铜匕、环首刀等工艺颇复杂的铜器的出现，显示了较高的铸造水平。特别是装饰品的普遍出现，极大地拓展了铜器的应用领域。在工艺方面，齐家文化铜器既有锻造，也有铸造，而且铸造比例有随时间推移逐步增加的趋势。在其早期阶段，主要以制作红铜为主，晚期以制作锡青铜为主。说明齐家文化的冶铜业经历了从红铜向青铜演进的完整过程。据此，人们认为齐家文化为我国青铜时代的伊始阶段。

稍晚于齐家文化的四坝文化主要分布于河西走廊地区，时间在距今3900—3500年之间，相当于中原地区夏代中期至商代早期。四坝文化的一大特点是金属器物的大量使用，青铜器数量明显比齐家文化丰富，铜器总量达300多件。如玉门火烧沟墓地有312座墓葬，出铜器的有106座，约占三分之一，出土铜器超过200件。铜器的制作和使用更为普遍，铜器种类更加复杂多样，既有生产工具和生活用具，也有装饰品、兵器和仪仗器等。在成分上青铜比例超过红铜,合金成分比较复杂,既有锡青铜和铅锡青铜,又有砷青铜以及其他合金制品。制作工艺兼有铸造、热锻和冷加工技术,铸造工艺逐渐占据统治地位且更加进步,像四羊首权杖头则采用合范、分铸及镶嵌等复杂工艺,代表了四坝文化冶铸业的最高水平,易耗品铜簇也普遍出现。可见当时的冶铜业更趋成熟,已掌握了采矿、冶炼、制造和铸造成型等生产工艺,表明四坝文化先民已经进入了青铜时代。

在世界青铜铸造史上,欧亚大陆铜器出现最早,我国齐家文化时期青铜时代伊始之际,欧亚大陆已经进入青铜时代的早期到中期阶段。故而,与中亚及欧亚草原相毗邻的西北地区,作为我国最早的青铜冶炼中心,青铜文化既具本土起源的特点,也深受欧亚青铜文化的影响。我国中原地区铜器的普遍使用和铸造,虽然始于公元前十九世纪的夏代二里头文化,但是发展速度很快,进入商周时期,以青铜礼器为代表的青铜文明后来居上而达到巅峰状态。这就清楚地表明,以齐家文化为代表的西北地区,既开启了中国的青铜时代,又在中西青铜文化的发展和交流中发挥了重要的枢纽作用。

### 4. 独具特色的玉文化

甘肃齐家文化遗址中普遍发现了玉制品,特别是近年来的考古和田野考察成果证明,甘肃不仅有着众多古玉出土,而且也是玉石的重要产地,在中国先秦"西玉东输"和玉文化发展中占有重要地位。

玉器制作当是在磨制石器基础上产生的,发源于新石器时代早期而绵延至今的"玉文化"是中国文化有别于世界其他文明的显著特点。中国人把玉看作是天地精气的结晶,使玉具有了不同寻常的象征、宗教和审美意义。一些特殊的玉制品被看作是显示等级身份地位的象征物,成为维系社会统治秩序的"礼制"的重要构成部分;玉在丧葬方面的特殊作用也使玉具有了无比的神秘宗教意义；玉具有特殊的外表和色泽，人们把其自然特性比附于人的道德品质，成为"君子"应具有的德行而加以崇尚歌颂；玉也成为人们喜欢的工艺品和装饰品。所谓"玉入其国则为国之重器，玉入其家则为传世之宝"正是对玉特殊功能的最好概括。所以，玉是东方精神生动的物化体现，是中国文化传统精髓的物质根基，玉文化深深地影响了古代中国人的思想观念，成为中国文化不可缺少的一部分。

石之美者为玉，玉石也是一种矿产。中国最有名的玉石无疑是产于新疆和田一带的"昆山之玉"即和田玉，但在"西玉东输"的进程中，它主要开始于商周时期，而比商周时期更早的西玉当为产自甘肃地区的玉石。在甘肃齐家文化遗址中，从天水师赵村、武威皇娘娘台、海藏寺等遗址出土了数量可观的玉器，据统计达2997件。海藏寺遗址还发现玉器毛坯、半成品、边角料和有切割痕的玉版，说明玉器并非外来，而是当地生产。永靖秦魏家遗址、青海柳湾遗址以及有"东方庞贝"之称的喇家遗址也有不少玉器出土。近年来，玉帛之路文化考察队先后在武山渭河边、临洮马衔山、肃北马鬃山、敦煌三危山旱峡都发现了先秦时期开采玉石的遗迹。其中，武山渭河边的蛇纹石玉矿是最早输入中原地区的玉料，其开发年代在五千年以上；马衔山玉矿开采时间大约在齐家文化时期；肃北马鬃山有径保尔草场玉矿和寒窑子玉矿两处遗址，其中前者是目前国内所见规模最大的玉矿遗址，开采年代为战国至汉代，后者的开创之间与前者基本一致；敦煌三危山旱峡玉矿的开采时间早期约在距今

齐家文化玉刀

4000—3700年间，与齐家文化、四坝文化年代相当，晚期开采时间在距今2800—2400年间。可见，最早充当"西玉东输"主角的是甘肃境内的玉石，进而在中西交流中，和田玉随后也被纳入"西玉东输"体系。所以，甘肃齐家文化玉器与良渚玉器、红山玉器并称为中国"三大玉系"。

齐家文化玉器早在清代即已发现，20世纪二十年安特生也有发现，但限于鉴定技术并没有引起人们重视。新中国成立后直到1975年武威皇娘娘台遗址的第四次发掘发现了300多件齐家文化玉石器，人们才重新意识到对齐家文化中玉器的重要地位。目前所知齐家文化玉器类型相对比较固定，主要玉器有琮、璧、环、璋、刀、璜、斧、铲、凿、勒子等，其作为工具、武器、礼乐、仪仗、祭祀、佩饰等多种功能均已具备，特别是非实用器璧、琮、璜、璋等礼乐、仪仗类玉器的出现，具有重要的政治、文化象征意义。《周礼》说"以苍璧礼天，以黄琮礼地"，则祭祀天地时玉璧和玉琮是必不可少的。从墓葬中少数人陪葬有玉和玉器性状推断，玉琮、玉璧、多璜组成的璧是专职的巫师用于侍奉神灵的神器，属玉神器。大量玉刀、玉钺、玉璋和玉锛等仿兵器制作的大型礼制性玉器的出现，则成为军权或王权的象征物。

据研究，齐家文化的玉璧、玉环虽然形制并不是非常规整，但总体感觉比较浑厚。玉琮可分形制较高、整体较矮和带有阴线的三类；打孔方式也有管钻法、拉丝锯式和管钻拉丝并用式打孔三种。玉璜出土数量较多，且形式丰富多彩，常见的有单璜、双璜合璧（环）、三璜

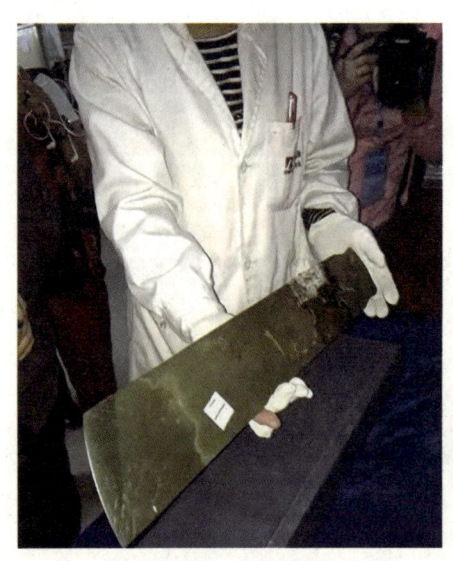

齐家文化大玉璋

合璧（环）、四璜合璧（环）、五璜合璧、六璜合璧等。玉璜加工技术非常成熟，单璜的弧度，内外缘的修磨都非常精准到位。齐家文化玉刀一般都制作精细，打磨光滑，有锋锐的刀刃，也有厚钝的刀背，打孔多接近刀背一侧，常见的有二、三、四孔，也有五孔玉刀出现。在青海喇家遗址曾出土的一把玉刀，复原尺寸可达67厘米，厚0.4厘米，是已知最长的齐家玉刀和长度最大的齐家文化玉器。齐家文化玉璋在以前很少有人提及，在2015年叶舒宪

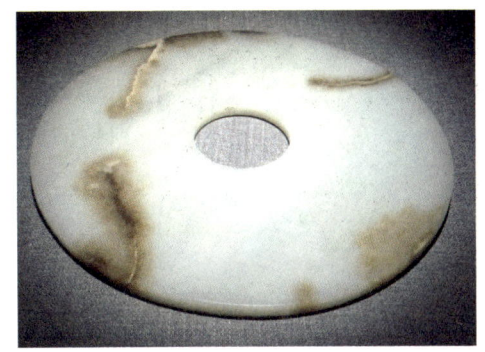

齐家文化玉璧

齐家文化玉琮

等人发起的"玉帛之路"文化考察中，会宁博物馆的大玉璋引起关注。这件大玉璋长达54.2厘米，宽为9.9厘米，厚度仅为0.2~0.1厘米，它无论大小还是年代都超过二里头文化的玉璋，是目前国内已知最大的玉璋。玉铲在齐家文化范围内出土也比较多，无论大小和质地、工艺都差别较大，有些小型玉铲只有三四厘米，却打磨精细，玉质温润，还带有穿孔，当是先民随身佩戴之物。

整体而论，齐家文化玉器有着相当高超的片切割技术，在许多遗址中都发现了带有切割痕迹的残留玉料，可知当时用来作为片切割的工具本身厚度仅有两三毫米。这是什么样的一种切割工具，值得去深入研究。齐家文化玉器上的钻孔精准度明显高于龙山文化、红山文化。在龙山文化玉璜上常见钻孔时发生位移而重新打钻的痕迹，在一个孔中有时可以看到不同

齐家文化玉璜

方向的几种钻痕，这种现象在小孔类的齐家文化玉器上非常少见。齐家文化玉器有着它独特的美感，它并不像红山、龙山玉器那样光滑莹润；也不像商周玉器那样纹饰神秘，更不像春秋战国玉器那样精美细腻，齐家文化的玉器是一种简洁、古朴却又雄浑的大气之美，洋溢着浑厚朴实的阳刚之美与肃穆之感，独具特色。

齐家文化玉器是西北地区新石器时代晚期至青铜时代早期出现的原始玉文化，它不仅受到了龙山文化、良渚文化等史前玉文化的影响，同时也成为商周玉器的重要来源之一，具有原始玉文化与商周玉文化沟通衔接的作用。齐家文化地处河西走廊区域，其玉器又具有沟通西域和田玉产地与中原玉文化的作用，在中国原始玉文化中也占据着十分重要而独特的地位。

### 5. 遍布陇原的西戎氐羌

前面介绍的马家窑、齐家文化，特别是青铜时代的各支地方文化，其时代与先秦文献所记载的早期西部民族氐羌、西戎等大致同时，但是，由于考古资料的有限和文献记载的模糊零散，我们还无法将两者对应起来，只能做点简单的比附。但确定无疑的是，这些青铜文化和见于文献记载的族类，毫无疑问就是夏商周时代甘肃地区的居民。

根据古史传说和文献记载，我国早期民族的出现和划分同方位有关。东、西、南、北、中这样的方位观念，产生于"五帝"时期早期；尧舜时期已有了华夏和四方夷、蛮、狄、戎等族称。如《史记·五帝本纪》："黄帝东至于海，西至空桐，南至江，北逐荤粥"；尧舜时曾"流共工于幽陵，以变北狄；放驩兜于崇山，以变南蛮；迁三苗于三危，以变西戎；殛鲧于羽山，以变东夷。"《尚书·大禹谟》："无怠无荒，四夷来王"，《禹贡》篇中有"夷""西戎"和"蛮"等族称。此类记载虽属后人追述，却真实反映了在中原华夏族周围，确有夷、蛮、狄、戎等部族或文化集团的分布，因而也是可信的。

关于华夏族西方的民族，在《五帝本纪》中就有西戎、析支、渠搜、氐、羌等族称，实际上西部的民族不止这些，如见于记载与甘肃有关的就有羌、狄、氐、戎、篡方、鬼亲、玁狁、猃狁、狗国、畎夷、犬夷、西戎、犬戎、绲戎、昆夷、混夷、串夷、薰鬻、薰育、荤粥等族。这些名称有的是一族多名，有的是别称。其中，戎族是大宗，分支很多，与甘肃相关的戎族分支就有姜戎、骊戎、申戎、太原之戎、允姓之戎、邦戎、冀戎、绵诸戎、绲戎、翟戎、獂戎、义渠戎、乌氏戎、朐衍戎等近20种。[①] 所以，"大体来讲，西戎是指起源于陕西西部至甘、青地区的一些族源相同或相近的畜牧和游牧部族的统称。"[②] 这大致反映了夏商周时期甘肃民族分布的基本状况。

综合大量古籍记载可知，夏、商、周三代对中原以西非华夏族的各族统称为"西戎"，而析支、渠搜、氐、羌等是最早见于记载的民族，均是西戎各族的一部分。西戎各族发展到商代，氐、羌族多见于记载，尤以羌族的势力为强大。如《竹书纪年》记载"汤十九年，氐羌来宾""武丁三十四年，王师克鬼方，氐羌来降"。《诗经·殷武》又说"昔有成汤，自彼氐羌，莫敢不来享，莫敢不来王，曰商是常"；直到商末周武王伐纣时，

---

① 刘光华主编，祝中熹著《甘肃通史》第1册，甘肃人民出版社2009年版，第244页。

② 俞伟超《古代"西戎"和"羌"、"胡"考古学文化归属问题的探讨》，《先秦两汉考古学论集》，文物出版社1985年版，第181页。

灵台县出土青铜戟上的月氏人

周的联军中亦有羌族。殷墟出土的甲骨卜辞保留了大量羌人与商交往、交战、被俘获和杀羌人为祭品的资料。《后汉书·西羌传》也说"西羌之本，出自三苗，姜姓之别也。"一般认为羌族发源于甘肃中部和青海东部地区，马家窑文化以及后来的辛店、卡约等青铜文化，有可能就是羌族的遗存。周灭商时，羌族方国还是周人联军中的一支，但此后文献所见记载都是戎族各部，直到汉代羌族又再次出现。故学界认为西周以来的西戎各部就包含羌人在内。

氐与羌往往连称，当是同源而异流之故，汉代以后在河谷平地以农为生者成为氐。从汉代资料可知，陇西郡有氐道（今徽县北）、羌道（今舟曲县一带），张掖一带黑河称为羌谷水，今疏勒河出南羌中，今党河被称为氐置水，今陇南武都一带有"白马氐羌"，文县一带有甸氐道，今嘉陵江上游永宁河支流两当河为氐道水。今青海乐都县一带有破羌县，湟源县一带为临羌县，今洮河至湟水一带为羌中，有羌中道通西域。赵充国伐西零羌，招抚罕、开羌即在河湟一带。今青海乐都县一带有破羌县，湟源县一带为临羌县。在今四川北部平武县一带有刚氐道，松潘一带为湔氐道。这些与氐羌相关的资料表明，几乎甘肃全境，青海东部和四川北部都是他们活动的地域，而河湟地区和陇南一带为其中心所在。至于陇东、陇中地区由于是周人、秦人先后活动经营之区，当地的氐羌可能更早就被征服同化。

西周至春秋战国时期见于记载的是包括氐羌在内的西戎诸部。《汉书·匈奴列传》和《后汉书·西羌传》对其生活习俗有系统记载,据后者所载:

所居无常,依随水草。地少五谷,以产牧为业。其俗氏族无定,或以父名母姓为种号。十二世后,相与婚姻,父没则妻后母,兄亡则纳釐,故国无鳏寡,种类繁炽。不立君臣,无相长一,强则分种为酋豪,弱则为人附落,更相抄暴,以力为雄。杀人偿死,无它禁令。其兵长在山谷,短于平地,不能持久,而果于触突,以战死为吉利,病终为不祥。堪耐寒苦,同之禽兽。虽妇人产子,亦不避风雪。性坚刚勇猛,得西方金行之气焉。①

这和上节所列甘肃地区几支青铜文化遗存所反映的经济状况、社会生活极为相似。据祝中熹考证,商代时甘肃见于记载的族类有犬戎、大夏、漆齿,他们约分布在甘肃中部一带。西周早期在河西东部有屠州,西部有禺氏(即月氏),庆阳市北有义渠,天水市有邽戎、冀戎,

清水县刘坪戎族墓地出土镂空鸟纹铜牌

---

① 《后汉书》卷八七《西羌传》,第2869页。

关陇一带有西申，还有氐羌等。①武王伐纣后，曾"放逐戎夷泾、洛之北，以时入贡，名曰荒服。"商末周初，嬴秦首领中潏"在西戎，保西垂。"西垂即今甘肃礼县西汉水上游一带。与嬴秦联姻的西申之戎在西垂之旁的天水、甘谷及以西。秦庄公、襄公、文公、宁公、武公都曾在关陇一带与西戎交战。秦穆公时西征西戎，"益国十二，开地千里，遂霸西戎。"西周春秋时期泾、洛、渭水流域及陇山内外当是西戎大小部族的主要居地。他们各分散居溪谷，不相统一，"往往而聚者百有余戎。"史称：

  自陇山以东，及乎伊、洛，往往有戎。于是渭首有狄、獂、邽、冀之戎，泾北有义渠之戎，洛川有大荔之戎，渭南有骊戎，伊、洛间有杨拒、泉皋之戎，颍首以西有蛮氏之戎。②

随着秦人建国和进入关中，上述在泾、洛、渭水流域的西戎各部渐次被秦人征服，他们大部分被融合同化，少部分迁往更远的边地。

文献记载的鬼方，当是北方草原兴起的部族。夏、商时代它们主要活动于山西中北部，后来逐渐西移至陕北洛水和陕甘之间的泾水流域。周初鬼方被周人击败，部族流徙各地，亦有活动于甘肃地区者被以戎族统称，但也有踪迹可循，如秦献公"兵临渭首，灭狄、獂之戎"，后设狄道县，即今临洮县，狄道之设当为狄戎居地之故。

在西周春秋时期诸戎中，玁狁、犬戎、犬夷经常出现，活动频繁，与相邻和交错的周人、秦人关系密切。但他们不是同族，而是从东方分别西

---

① 刘光华主编，祝中熹著《甘肃通史》第1册，甘肃人民出版社2009年版，第244页。

② 《汉书》卷一一〇《匈奴列传》。

迁甘肃的两个不同部族，犬夷为一支，玁狁和犬戎为另一支。其中，文献中凡称犬夷、畎夷、昆夷、混夷、绲夷者，具为畎夷之别称或变称，实为由东方迁往西北的东夷之畎夷。当夏末商初，商人与东夷结盟，畎夷随商夷联军

张家川马家塬戎族墓地出土的银箔大角羊

消灭夏人残余势力进入陕西渭河和泾、洛河流域。后商末周武王克商，"放逐戎夷泾、洛之北"，畎夷由此进入甘肃东部地区，后来崛起建国、一统华夏的嬴秦也是作为畎夷的一支，随同商夷联军入陕，后进入甘肃西汉水一带。另一支玁狁、犬戎实际也是由东方迁来，即尧舜时由汉水下游西迁洮河流域的三苗，《史记·五帝本纪》就有"迁三苗于三危，以变西戎"的记载。三苗迁入洮河流域，与当地土著结合，他们中后来居于陇南一带者称犬戎，也就是后来的氐族，寺洼文化即其遗存。其中北上到达陇东高原者，因居严地，故称玁狁。①周穆王时，"戎狄不贡，王乃西征犬戎，获其五王，又得四白鹿、四白狼，王遂迁戎于太原。"太原即大原，也就是今庆阳一带。

以上所举众多的氐羌、戎、夷等西戎诸部，虽然还难以线索清晰地复原其在夏、商、周时代的完整分布及其相互交往，但只要将青铜时代甘肃几支考古文化遗存与文献记载有机结合，我们还是能够大致把握部族分布

---

① 尹盛平《犬夷与犬戎》，《周秦社会与文化研究》，陕西师范大学出版社2004年版，第209页。

大势和演变轨迹。夏商时代势力强大并广泛活动的是羌人，因受到商人的征伐而衰落同化，部分外迁者到秦汉时再度强大，这就是两汉魏晋时期见于记载活动在甘、青、川地区的氐羌族。商周以来兴起或西迁的诸戎夷，在与周、秦长期交往和反复攻伐过程中，逐渐被征服、同化，大部分融入中原民族，成为后来中华民族的一部分。少部分向更西、更北地区流散，汇入其他部族，故战国以后戎族已不见于文献记载。

所以，甘肃以陇山为中心，在三代时期环陇山形成了一个多民族交汇带，周秦的兴衰与安危都与西戎诸部息息相关。而周、秦王朝最终征服融合西戎主体，也成为春秋战国时期中华民族共同体构建中最为重要的事件，为多元一体中华民族的形成发挥了重要作用。

## 二、农耕文明奠国基

在青铜时代西戎氏羌各部广泛活动于甘肃地区之际，周人和秦人的先祖也先后进入陇东和陇南地区，开始了其既与戎狄杂居交融又致力于部族兴起的历史脚步，并奠定了各自建立国家和走向强大的基础。西周政权是中国夏商周古典时代文明、文化的集大成者，它以高度发达的礼乐文明为中国留下了影响至今的制度典范和精神遗产。继周人之后西迁甘肃的秦人，立足本族传统和甘肃多元文化、多元民族的人文优势，积极吸收周文化，又充分融汇西戎乃至草原文化，创立了以农牧并举、华戎交汇为特征的原生态新型文化——秦文化。正是这一开放进取、包容功利、尚武质朴、充满活力的新型文化，支撑秦人一路高歌猛击，完成了将多元民族、多元文化和群雄并立聚合为一体的中华民族、中华文化和大一统国家的历史重任。可见，周秦文化对于大一统国家和中华传统文化的形成，无疑发挥了关键的奠基作用。而追根溯源，周秦文化均导源发祥于甘肃地区。

### 1. 周人兴起在陇东

大约在夏朝后期，周人始祖不窋率族迁往陇东庆阳一带，周人早期历史即由此开端，陇东成为周文化的肇启之地。关于周人起源和不窋的史事

《史记·周本纪》记载如下：

> 周后稷，名弃。其母有邰氏女，曰姜原。姜原为帝喾元妃。姜原出野，见巨人迹，心忻然说，欲践之，践之而身动如孕者。居期而生子，以为不祥，弃之隘巷，马牛过者皆辟不践；徙置之林中，适会山林多人，迁之；而弃渠中冰上，飞鸟以其翼覆荐之。姜原以为神，遂收养长之。初欲弃之，因名曰弃。

非凡之人必有非凡之处，周人始祖后稷的出生和伏羲、黄帝等其他始祖人物一样，充满着神秘色彩。这样一个来历离奇的"怪胎"，被认为会带来不详，一生下来就被他的母亲姜原抛弃，但无论是扔到小巷还是山林，或者水渠的冰上，结果牛马不去践踏，飞鸟为之取暖保护，碰到他的好心人把他抱回。经历如此折腾仍安然无恙的后稷，他的母亲姜原觉得神奇而不可思议，便将他接回去抚养。因最初被遗弃，所以取名为弃。这种近似神话的出生故事，实际反映了周族始祖后稷弃的出生，是周人能够追溯到

庆城县周祖陵景区全景

的远古父权制时代最早的一位男性首领。

弃在成长的过程中，从儿童时期就有不同于常人的表现。他很小就有如同成人一样的宏大志向；他玩耍的时候，以种麻、种豆为乐，而且他种的麻和豆长得非常好。长大成人后，弃自然就非常喜欢耕田种地，并且学会了观察土地性状，根据土地与各种作物特性是否适宜，因地制宜种植庄稼，老百姓也都纷纷向他学习相地种谷的方法并获得好的收成。后稷擅长稼穑的名气越来越大，被帝尧知道后，便任命他为农师，教民农耕，种植五谷，管理全国的农业并大获成功，使"天下得其利"。帝舜为了奖赏他，对弃说，天下的黎民百姓原来经常粮食不够吃，自从你教民农耕，不违农时，播植"百谷"以来，百姓再不会为粮食发愁了。于是封弃于邰（今陕西武功县），号称后稷，取姓为姬。所以，在尧舜禹时代，后稷是一位很有威望影响的股肱之臣，被后人尊为农耕始祖、五谷之神。从此，擅长稼穑的周人首领便长期世袭后稷一职达十几代，直到夏朝后期帝孔甲时农官仍由弃的后代不窋担任。史称：

> 后稷卒，子不窋立。不窋末年，夏后氏政衰，去稷不务，不窋以失其官而奔戎狄之间。

孔甲是一位喜好鬼神，生活淫乱的君主，致使"夏后氏德衰，诸侯叛之。"其中也包括放弃对立国之本农业的扶持，"去稷不务"以致"不窋以失其官而奔戎狄之间"，举族前往戎狄之地今庆阳一带。今庆阳市庆城县有不窋城、不窋墓等遗迹存留至今。

不窋及其周族这支以擅长农业经营的部族来到长于畜牧的戎狄居地陇东高原后，修筑城池，入乡随俗，开始与戎狄和睦相处并学会从事畜牧业，但又没有放弃农业。这种农牧兼营成为周人快速崛起的重要基础。不窋

庆城县周祖陵景区周祖陵碑亭

之子为鞠，或称鞠陶，可能长于制陶，亦是农业和手工业生产发展的标志。鞠之子为公刘，在周人早期发展史上公刘是具有转折意义的人物，他率族南迁豳地，建立国家，开启了周人走向强大的新的历史阶段。关于公刘迁豳，《诗经·公刘》篇有详细记述：

  笃公刘，匪居匪康。乃场乃疆，乃积乃仓；乃裹餱粮，于橐于囊。思辑用光，弓矢斯张；干戈戚扬，爰方启行。

  在迁豳出发前他们有周密计划和充分准备，粮草、车马、军队、武器都准备好之后才从容出发。到了豳地之后，公刘首先是到原野上进行勘察，登山下原，察看泉水河流，测量土地。然后开始规划城邑、宫室、种植、养殖、采石等。接着设宴动员，推举首领，组织军队和人力，进行防卫和开发。诗篇将公刘创建京师、开拓疆土、建立邦国的过程，描绘得清清楚楚，形象生动。一幅幅先民斩荆披棘、建设家园、开发生产的社会生活图景犹在眼前。史称：

  公刘虽在戎狄之间，复修后稷之业，务耕种，行地宜，自漆、沮度渭，取材用，行者有资，居者有畜积，民赖其庆。百姓怀之，多徙而保归焉。周道之兴自此始，故诗人歌乐思其德。

由此可见，公刘迁豳不仅实现了部族的南迁，还极大地推动了周族的发展和壮大，标志着周人由此走上崛起的道路。公刘所迁的豳地，在今陕甘交界的甘肃宁县、正宁县和陕西旬邑、长武、彬县一带。[①] 这里更加接近关中，发展空间和条件更为优越。公刘之后，先后有庆节、皇仆、差弗、毁隃、公非、高圉、亚圉、公叔祖类、古公亶父等共十代首领，带领周族在豳地继续发展，经过五六代人的努力，到高圉时当商王武丁在位，周族已成为殷商西部的大邦，高圉也因致力周族发展成效显著，与后来的太王古公亶父一样受到周族后世"报祭"之礼。亚圉之后是公叔祖类，正当商王祖甲在位时，"祖甲十三年，西戎来宾。命侯组绀。"《竹书纪年》说商王"武乙三年，命周公父赐以岐邑。"《汉书·西羌传》又说："及武乙暴虐，羌戎寇边，周古公逾梁山而避于岐下。"可知，公叔祖类、古公亶父父子由于受到戎狄攻迫，被赐以岐下之地，于是他们南下周原，开辟了新的发展空间。史载：

> 古公亶父复修后稷、公刘之业，积德行义，国人皆戴之。薰育戎狄攻之，欲得财物，予之。已复攻，欲得地与民。民皆怒，欲战。古公曰："有民立君，将以利之。今戎狄所为攻战，以吾地与民。民之在我，与其在彼，何异。民欲以我故战，杀人父子而君之，予不忍为。"乃与私属遂去豳，度漆、沮，逾梁山，止於岐下。豳人举国扶老携弱，尽复归古公于岐下。及他旁国闻古公仁，亦多归之。于是古公乃贬戎狄之俗，而营筑城郭室屋，而邑别居之。作五官有司。民皆歌乐之，颂其德。

---

[①] 刘治立主编《庆阳通史》上卷，商务印书馆2011年版，第117页。

不难看出,古公亶父是周人发展史上又一位做出杰出贡献的首领,他不仅完成了周人在庆阳、豳地经500余年发展后迁岐的关键一步,而且对周族移风易俗,去戎狄之俗,营城郭,建宫室,"作五官有司",致力经济发展,为周人灭商奠定了基础。古公亶父之后,文王季历、武王姬发进一步壮大国力,并在公元前1046年,周武王一举灭商。

2. 农耕文化孕礼乐

中国古代的基本礼乐制度形成于周初,以周公制礼作乐为标志。一般认为周礼是周公在吸收夏商制度的基础上,主要总结周人自公刘建国以来的政治实践和管理经验、文化民俗传统,加以集成和整合升华而形成的。他将夏、商天命神学宗教的统治思想进行改造,创立敬天、崇德、保民的统治思想,并将其通过确立从周王、贵族、封国国君到民众的一整套政治制度,以维护宗法、分封制基础上的西周统治。

史称周公摄政第六年(前1037年)"制礼作乐",他将源于三皇五帝,发展于夏、商的礼仪和乐舞加以理论化和系统化,创立新的礼乐制度。综合"三礼"记载,礼乐制度的内容主要包括"礼仪三百,威仪三千。""礼"与"乐"即"威"与"仪"。其功能在"礼主异,乐主同"。又有"吉、凶、宾、军、嘉"五礼,即以吉礼敬鬼神,凶礼哀邦国,宾礼待宾客,军礼慑不协,嘉礼亲万民。又有"冠、昏、丧、祭、乡、相见"六礼。这就是一般所说的狭义的礼乐,广义的礼也就是习称的"周礼",内容更为广泛,包括宗教、政治、经济、文化教育、刑法、军事、婚姻家庭、伦理、道德规范等,几乎无所不包。这成为历代王朝推崇和沿用的典范。[①]正如《左传》所说:"礼,经国家、定社稷、序人民、利后嗣者也。"所以,中国被称为"礼仪之邦"。

---

[①] 杨东晨《周公旦与西周礼治文明》,陕西人民出版社2010版,第5页。

| 周秦早期文化奠国基 |

周原遗址凤雏建筑群基址发掘现场

史称周公在摄政第七年（前1036年）礼成，周成王亲往成周洛邑大会诸侯，举行隆重的颁布礼乐典礼，周公也依礼还政于成王。由周公创立的礼乐制度，成为中国传统思想文化的核心内容，是支撑、滋养、推动、维系中华民族一路走向兴旺发达的基石所在。

水有源，树有根，周礼及其礼乐文明既是对夏商礼乐制度的继承，而更多的则是周人对自己基于农耕文明的国家治理实践的经验总结和提炼，其近源当可追溯到公刘建国。在周人发展史上，不窋北迁，公刘适豳，大王迁岐，武王伐纣，可以说是兴起、建国、强大、灭商四个关键阶段的标志性事件。其中，尤以公刘建国至大王迁岐一段至关重要，周人的基本国家制度和农耕文明基础都确立于这一时期。实际上这种农耕文明传统早在不窋时期即已开始，《国语·周语》说不窋北迁后的周人"不敢怠业，时序其德，纂修其绪，修其训典，朝夕恪勤，守以敦笃，奉以忠信，亦世戴德，不忝前人。"可见周人序德修典、绪训恪勤、敦笃忠信的传统源远流长、一以贯之。

195

公刘建国至古公亶父迁岐约十代四百余年时间，周人礼乐文明的农耕文化基础已臻成熟。人们认为，"在周族早期世系中，公刘第一个称公，……从公刘第一个称'公'来看，周族创建国家当在公刘时代。……公刘不仅是周族所建立的国家的第一个国君，而且是第一个有计划地营建国都的人。"[①]其身份则是由部族大酋长向国王的过渡。[②]如公刘迁豳"乃觏于京，京师之野"创建京师，确立"君之宗之"的部族酋长与大宗宗主合一的国家宗法政治结构，开创"其军三单"和"彻田为粮"的兵农合一的军事体制，不仅标志着周族国家政权的建立，而且为周人走向强大奠定了基础。

公刘迁豳和在豳地的一系列的营国建都活动，使这里成为其国都京师和宗庙所在，也就是"宗邑"所在，中国古代称都城为京师，也由此而始。无论豳地还是周原，都是黄土高原适于农耕之区，而且周人一路向南发展，农耕的条件越来越好，周人长于稼穑的优势更好地得到发挥。所以，司马迁说"公刘适豳，大王、王季在岐，文王作丰，武王治镐，故民犹有先王之遗风，好稼穑，植五谷。"这就清楚地概括了周人好稼穑，植五谷的传统乃是先王遗风的传承。

由此可见，陇东所在的甘肃地区既是周人兴起和建国的起始地，也是周人基于农耕文化传统创建礼乐文明的重要奠基区。

---

[①] 杨宽《西周史》，上海人民出版社1999年版，第34页。
[②] 张建军《诗经与周文化考论》，齐鲁书社2004年版，第6页。

## 三、农牧并举开新篇

与周人北迁陇东兴起建国,迁岐强大,进而灭商并立都丰镐三部曲如出一辙,秦人从商末周初西迁陇南,在整个西周时期完成了兴起建国之后,东进关中立都雍城而走向强大,再迁都咸阳进而扫灭六合,一统海内,不仅开创了中国两千年之久的大一统的中央集权的统治制度,而且完成了对多元民族、多元文化整合一体和推陈出新的历史转型。溯其源流,甘肃又是秦人、秦族、秦文化的发祥地。

1. 秦人西迁入陇右

秦人的前身嬴姓部族是东夷的一支,其父系源出少昊族,母系源出颛顼族,这两个部族共同孕育了秦人先祖。史称:

> 秦之先,帝颛顼之苗裔孙曰女脩。女脩织,玄鸟陨卵,女脩吞之,生子大业。大业取少典之子,曰女华。女华生大费,与禹平水土。已成,帝锡玄圭。……乃妻之姚姓之玉女。大费拜受,佐舜调驯鸟兽,鸟兽多驯服,是为柏翳。舜赐姓嬴氏。

秦人最早见于记载的历史，就源自"玄鸟孕卵"这样一个神秘而动人的神话传说故事。一个姑娘仅仅是因为吞吃了燕子的蛋，就生了孩子，这在今天看来，未免荒诞离奇，也绝无可能。但是，这种离奇的传说故事，往往是一个民族原始文化的活水源头。在中国上古神话传说中，类似女脩吞燕卵而生子的部族首领"感生"的传说，是比较普遍的现象，三皇五帝包括夏、商、周的始祖几乎都是这样孕生的。

女脩、大业这是见于记载嬴秦最早的两个始祖人物，前者是女性，后者是男性，但未必是母子，只是在长期口耳相传并被文献记载留存下来的最远始祖，可追溯到他们二位。所以，女脩是颛顼的苗裔，而大业、大费父子已是尧舜禹时代的股肱之臣了。当时，大业、伯益均为舜和禹的得力辅佐者，伯益协助大禹平治水土有功，还被大禹指定为继位者。但在选贤任能的军事民主制被父死子继的王位世袭制取代之际，大费伯益不仅没有获得王位，反而被大禹之子夏启所杀，嬴秦部族也因此受到排挤和打击，被迫迁徙。夏末，商人联合东夷灭夏，嬴秦随畎夷加入商夷联军，并随商夷联军扫灭夏人残余进入关中，活动于今西安至周原一带。商代时，嬴秦因"遂世有功，以佐殷国，故嬴姓多显，遂为诸侯。"其时，包括嬴秦在内的畎夷实际和同在陕甘的周人比邻而居。商末时，双方发生交战，最终周人获胜。

商末时，嬴秦作为畎夷的一部分参与了与周人的交战。当时畎夷与周人的较量非常激烈，虽然史书未载周人与畎夷双方战争的结果，但到文王晚年时，周人已征服西方各部，故"文王率殷之叛国以事纣。"① 在归附的四十余国中，既包括久居西北的西戎，也包含与周人相邻，并在与周人的相争中败下阵来的畎夷和嬴秦在内。所以，周武王灭商之后，遂有"放逐戎、

---

① 杨伯俊《春秋左传注》襄公四年，中华书局2009年版，第932页。

| 周秦早期文化奠国基 |

礼县大堡子遗址几点山坪遗址外景

夷泾洛之北"的举动。① 则西戎和畎夷、嬴秦在与周人较量中最终失败和归附了周人。嬴秦也正是在随畎夷归周后，西迁天水并"在西戎，保西垂。"这是嬴秦在商末周初西迁天水的第一步。

嬴秦在商末周初的归周和西迁天水，是在西周打击排挤嬴秦和嬴秦与西戎联姻的背景下实现的。嬴秦首领戎胥轩、中潏父子当与商末文丁、帝乙、周文王为同时代人，按申戎首领申侯所言："昔我先骊山之女，为戎胥轩妻，生中潏，以亲故归周，保西垂，西垂以其故和睦。"② 可知，戎胥轩娶申戎骊山之女为妻而生中潏，而周人亦与申戎早有联姻关系，正是由于申戎与周、秦俱有联姻关系，故他们"以亲故归周"。嬴秦归附周人后，由关中西迁到天水，"在西戎，保西垂"。这是先秦史乃至中国历史上的重大事件，一是周、秦、西戎三者互动交往的关系由此开启；二是西戎与嬴秦因联姻而确立起和睦关系，并在其势力范围接纳了嬴秦的入居；三是嬴秦在经历

---

① 《史记》卷一一〇《匈奴传》，中华书局 1982 年版，第 2891 页。
② 《史记》卷五《秦本纪》，第 177 页。

甘谷毛家坪遗址发掘现场

千年之久的流徙不居和动荡起伏之后,最终落脚天水,这是其部族崛起和建国的历史起点。

中潏西迁天水,"在西戎,保西垂",既是其跟随畎夷在与周人的较量中处于下风而归顺之后的被迫之举,但同时也是中潏在失败中寻找机会,在前途未卜时创造机会的明智之举。所以,中潏在归周和西迁时对其部族作了两手准备,将家族力量一分为二,既事殷又归周的两全之策。一方面由中潏带领蜚廉次子恶来革及其子女防一支作为主体西迁西垂。另一方面,中潏将长子长孙蜚廉、恶来留在商都。"恶来有力,蜚廉善走,父子俱以材力事殷纣。周武王之伐纣,并杀恶来。"与此同时,中潏又将蜚廉三子季胜"别居"晋南。这一支在山西一带独立发展,成为后来战国时期赵国的建立者。中潏及女防迁入西垂的这一支就是后来秦国的建立者。西垂又称西犬丘,其地当在今甘肃礼县境内,20世纪90年代以来,先后在礼县发现大堡子山秦公陵园和城址、圆顶山秦人贵族墓地、西山坪遗址、鸾亭山西畤遗址和山城遗址等,证明西垂作为秦人居地和都邑就在礼县境内。

嬴秦西迁天水的第二步发生于周公东征之后。在周人灭商时,追随商人的中潏之子蜚廉在商亡后,隐匿并辗转潜逃到嬴秦的东方故地商奄即今山东曲阜一带,发动嬴姓诸国参与"三监之乱"反周,于是周公率军东征。《孟子·滕文公下》说:

周公相武王，诛纣。伐奄，三年讨其君，驱飞廉于海隅而戮之，灭国者五十，驱虎豹犀象而远之，天下大悦。

新发现的清华简《系年》第三章还记载了迁嬴姓之民到天水的资料：

飞曆（廉）东逃于商盍（盖）氏。成王伐商盍（盖），杀飞曆（廉），西迁商盍（盖）之民于邾，以御奴䖒之戎，是秦先人。

据李学勤考证，"商盍氏"也就是商奄氏，奄是东方大国，是商王朝非常重要的组成部分，其国都当在今曲阜。"邾虘"即是《尚书·禹贡》雍州的"朱圉"，《汉书·地理志》天水郡冀县的"朱圉"，在冀县南梧中聚，可确定在今甘肃甘谷县西南。① "朱圉"即今甘谷县西渭河南岸的朱圉山，山下磐安镇渭河南岸的毛家坪遗址就是一处西周时期的秦文化遗存，该遗址从1982年至2012年进行了三次发掘。出土陶器、石器、玉器、青铜器、骨器等各类小件文物1000余件，还有鼎、簋、方壶、甗、盂、敦、盘、匜等青铜器，出土了短剑、戈、矛等青铜兵器；发掘车马坑5座；发掘大型墓葬两座，其中一座为级别较高的贵族墓葬。发掘和研究结果表明，毛家坪遗址有三种文化遗存，其中的A组遗存正是从西周到春秋时期的秦文化遗存。② 并且初步确定这里就是古冀县城址所在。

嬴秦经商末周初中潏及女防一支迁入西垂，又经周初周公将商奄之民迁入朱圉即今甘谷，标志着秦人结束了自夏初到周初上千年之久的流动不

---

① 李学勤《清华简关于秦人始源的重要发现》，《光明日报》2011年9月8日。
② 甘肃省文物工作队、北京大学考古学系《甘肃毛家坪遗址发掘报告》《考古学报》1987年第3期。

居的艰难历程，终于在陇右天水西戎居地定居下来，开始了兴起和建国的辉煌历程。因此，甘肃也是秦人、秦族、秦文化的发祥地。

### 2. 非子牧马始称"秦"

在商周易代之际，嬴秦先后经历了商末中潏西迁归周，周初蜚廉发动东夷嬴姓参与三监之乱，被镇压后又被迫西迁等重大变故。嬴秦一时遭受了失姓亡氏的沉重打击。恶来革有子为女防，女防生旁皋，旁皋生太几，太几生大骆，大骆生成和非子。嬴秦这五代人中，女防、旁皋、太几三代事迹不显，当是嬴秦来到西戎群聚的天水一带后与西戎交好，和睦相处，得到西戎认可接纳站稳脚跟的阶段。与此同时，秦人入乡随俗，利用天水一带水草丰美，又有盐官池盐，适于放牧的条件，发挥自身"懂鸟兽言"即长于驯养鸟兽的优势，在从事农业的同时，大力发展畜牧养马业，获得巨大成功，也为嬴秦的兴起创造了机会。

从中潏下传七代到大骆，大骆生子二人，长子为成，次子为非子。据《秦本纪》记载："非子居犬丘，好马及畜，善养息之。犬丘人言之周孝王，孝王诏使主马于汧渭之间，马大蕃息。"非子以善养马而被周孝王征召为周王室在"汧渭之间"也就是今宝鸡市千河与渭河之间的区域养马，结果养马大获成功，"马大蕃息"，缓解了周王朝战马奇缺的困难。于是，周孝王欲重用非子，宣布要将大骆的庶出之子非子代替嫡出的长子成做大骆的继承人。但这一提议遭到大骆岳父申戎首领申侯的反对，而且以破坏联姻会影响周与西戎关系相威胁。周孝王只好又做了变通，即继续保留大骆长子成的继承人身份，让非子另立门户，在"秦"另建城邑，并赐予爵位"附庸"，恢复其原有姓氏"嬴"并主"嬴氏祀"，继续为周王室畜马。"秦"邑后来习称秦亭，地在今清水县城北的李崖村。2009年至2011年，早期秦文化联合考古队先后三次对李崖村进行考古发掘，确认这里是秦早期文化遗址，

清水县李崖遗址一角

也就是非子邑秦之地。秦邑自非子建邑起，历非子、秦侯、公伯、秦仲、庄公五代在此定居，并曾一度成为秦人唯一的城邑居地而发挥了都城的作用。

非子受封与附庸秦邑和恢复嬴姓，是秦人发展史上的大事件和转折点。这是秦人自中潏入居西垂以来历经八代约二百余年的惨淡经营，第一次受到周王室的重视，周秦关系开始好转。受封为"附庸"不仅是秦人地位改变和上升的起点，而且，非子受封秦邑，使秦人在陇右有了一块犬丘之外的重要城邑和据点，由此，秦人在陇右便由一支而分为两支，大骆嫡子成居西犬丘，大骆庶子非子居秦邑。这两个据点，虽分属长江流域的嘉陵江上源西汉水和黄河流域渭水上游支流牛头河流域，但实际上两者相距并不遥远，直线距离只有100公里上下。在此后的发展中，秦人依托两个据点拓展地域，互为支撑，加快了崛起的步伐。秦人在获得"附庸"和封地的同时，还复续嬴氏祀，并"号曰秦嬴"，秦人称"秦"由此而始，我们所说的真正意义上的秦人历史至此开端。

### 3. 襄公建国启霸业

非子封秦以后，随着秦人政治地位的提高和实力的增强，秦人的发展进入了快车道。与此同时，又随着周与西戎关系的恶化，周王室遂将阻击西戎的重任交给秦人。由此，秦与西戎长期和睦相处的状态被打破，双方关系进入了攻伐交战的新阶段。这对秦人既是严峻的挑战和威胁，也是扭转形势、化危为机的大好机遇。事实证明，秦人经受住了西戎强大的攻势，不惜失地亡君，拼死相争，逐步扭转了形势，非子之后，经过秦侯、公伯、秦仲、庄公、襄公五代的努力，终于实现了数十代人长期为之忍辱负重、奋斗不息的梦想——建国。

秦人与西戎的交战始于秦仲，其后的庄公、襄公接连取得伐戎的胜利，并封侯建国。史称：

> 秦嬴生秦侯。秦侯立十年，卒。生公伯。公伯立三年，卒。生秦仲。秦仲立三年，周厉王无道，诸侯或叛之。西戎反王室，灭犬丘大骆之族。周宣王即位，乃以秦仲为大夫，诛西戎。西戎杀秦仲。秦仲立二十三年，死于戎。有子五人，其长者曰庄公。周宣王乃召庄公昆弟五人，与兵七千人，使伐西戎，破之。于是复予秦仲后，及其先大骆地犬丘并有之，为西垂大夫。
>
> 庄公居其故西犬丘，生子三人，其长男世父。

在秦仲即位的第三年，因周厉王无道，引发诸侯叛乱，西戎也乘机反周，居于犬丘的秦人大骆一支被攻灭，并占领西犬丘。周宣王即位后，为了反击西戎，封秦仲为大夫，命秦仲反击西戎。前822年秦仲率兵伐戎，结果失利反被杀。接着，秦仲之子庄公兄弟五人在周宣王拨付七千兵力给予支援的条件下,再次出兵反击西戎,一举取得伐戎的胜利,并收复了秦人中心居邑西犬丘。著名的"不其簋"铭文就记载了这场战事。庄公被周宣王赐封为西垂大夫,这标志着秦人在周室地位的进一步提高。庄公生子三人,长子世父是个嫉恶如仇的血性男儿,他决心要报祖父秦仲被西戎所杀之仇,发誓不杀戎王誓不入邑,便一心为伐戎做准备,将太子之位让给弟弟。前777年,这位在位长达44年,为秦人强大作出重要贡献的庄公去世,庄公次子继位,是为襄公。

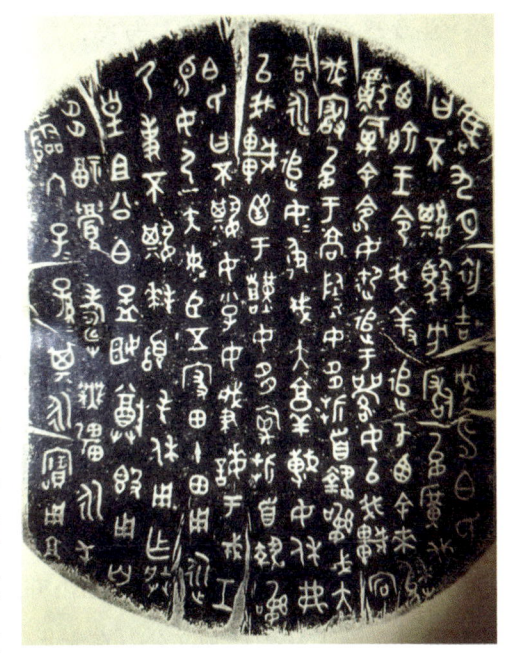

不其(庄公名)簋铭文

秦襄公也是一位才华出众、又有谋略的人,他刚一即位,为了改善与西戎关系,便将妹妹穆嬴嫁给西戎的丰王。前776年,西戎又一次发动进攻,包围了秦人西犬丘,襄公之兄世父率兵反击,但不幸的是反击失利,世父被西戎俘虏,一年后才释放。前771年周幽王废太子,立宠妃褒姒子为太子,引发部分诸侯的不满和反叛,西戎中的犬戎和申侯联合伐周。秦襄公抓住救周这一契机,终于获得周平王的封赏而建国:

(襄公)七年春,周幽王用褒姒废太子,立褒姒子为適,数欺诸侯,诸侯叛之。西戎犬戎与申侯伐周,杀幽王郦山下。而秦襄公将兵救周,战甚力,有功。周避犬戎难,东徙雒邑,襄公以兵送周平王。平王封襄公为诸侯,赐之岐以西之地。曰:"戎无道,侵夺我岐、丰之地,秦能攻逐戎，即有其地。"与誓，封爵之。襄公于是始国，与诸侯通使聘享之礼，乃用骝驹、黄牛、羝羊各三，祠上帝西畤。

襄公救周有功，被周平王封为诸侯，并赐予已被西戎所占的关中岐、丰之地。于是，秦襄公于第二年即公元前770年建国。襄公建国不仅使秦人获得与东方诸侯平起平坐的政治地位，而且，周平王所赐已被西戎占领的岐、丰之地，虽然是一个空头支票，而且还意味着秦人必须从西戎手中夺回周人故地，肩负起守卫东周西大门的义务。尽管如此，这却为秦人名正言顺东进关中，进而逐鹿中原打开了方便之门。四年后，襄公伐戎至岐而亡，其子文公继位，文公三年，率兵七百东猎，四年（前762年）至"汧渭之会"，也就是今宝鸡市，进行占卜并迁都于此。

至此，秦人从中潏到文公，在天水一带经历十四代三百多年的艰苦创业和致力崛起，终于完成由兴起到建国这一艰难而辉煌的历程。文公四年，秦人东迁关中，标志着其历史发展进入了走向强大和完成统一的新阶段。

### 4. 华戎荟萃秦文化

秦人在天水地区三百多年的艰苦创业和兴起发展中，立足自身久远而多难的部族传统，全面吸收周文化中先进的因素，广泛吸纳戎狄等西北民族游牧文化的有益成分，兼收并蓄，博采众长，融合再造，创造了原生型的秦文化。秦文化的起源与形成，由于秦人早期历史发展的复杂性和曲折性而具有特殊性。大致说来，秦文化的产生有远源和近源两途。

就秦文化的远源而言，秦人族出东夷，历经夏商一直处于动荡流徙状态，其历史与发展，与东夷、夏、商的历史息息相关。如嬴秦与东夷有着相同的日神与鸟图腾崇拜，也有相同的经济生活，长于农牧和从事商贸。在夏朝统治时期嬴秦先祖长期活动于夏统治地域，其文化影响必然存在。

秦人与商人两族均起源于东方,不仅文化上有着相同背景,有共同的祖先卵生神话、鸟图腾崇拜,他们共同崇拜的祖先神少昊、颛顼都是东方夷族的部落首领,而且在政治上建立了同盟关系,有相同的宗庙祭祀制度,相似的车马坑和随葬方式等。这些因素伴随秦人先祖的流动和迁徙,动荡与兴衰,有的消失了,有的或多或少被继承或积淀于部族习惯和心灵深层而得以保留,对秦文化的形成产生着重要的影响。

就秦文化的近源而言,自中潏西迁天水后,随着秦人与西周关系日益密切,秦人的生存与发展始终与西戎、周人密切相关。秦人既与西戎同居陇右,与之和睦相处交流,也存在争夺和战争;又在周人的控制下惨淡经营和守卫边陲,并不惜与西戎殊死搏斗,以谋求其认可和封赏。正是在这一进程中,广义上的秦人族群和秦文化逐渐形成。所以,除了秦人继承自远祖的固有传统之外,其文化的形成无疑深受周人和西戎的影响。

周文化作为统治文化,既具有政治优势,也无疑是当时中华大地最为先进发达的文化,其吸引力、影响力和吸纳同化力无出其右者。秦人作为周王朝的臣属部族,其崛起除了自身致力发展之外,对周文化的接受和学习无可避免。周之礼乐典章、制度文化既为秦人所

礼县大堡子山秦公墓出土秦公鼎

遵循，亦为自身发展进步所必需。故无论基本礼仪、文字、葬俗、青铜器等各方面，都深深打上了周文化的烙印。因此，在各种文化影响中，周文化对于秦文化的影响和促进，无疑是最为重要的。史称"秦仲始大，有车马礼乐侍御之好也。"文公时"初有史纪事，民多化者。""法初有三族之罪"等，都是其文化快速发展的标志性事件。

甘青地区羌戎部族以畜牧为主的经济形态，乃是适应陇右等地环境条件的必然选择，秦人入居陇右，既不能超越当地自然环境条件的制约，也必然在与群戎交错的人文环境中相互影响、交流和熏染。从周初至大骆近二百年间，当是嬴秦远离周人统治中心，入居西戎势力范围而致力自身休养生息，并和西戎密切合作交流的时期。一方面，嬴秦为了适应新的生存环境，将其固有的长于农业又善畜牧的优势与陇右农牧两利的独特条件有机结合，开创了支撑其发展的农牧兼营的经济生活方式。另一方面，嬴秦面对西戎环伺、部族林立的险恶政治环境，充分利用与申戎联姻的便利条件，入乡随俗，与西戎接近，向西戎学习，积极与西戎在政治、经济、文化、生活诸方面进行交流合作。在生活习俗、婚俗、骑射、金属冶铸等方面吸收西戎文化中有利自身发展的有益成分，不仅促进了部族发展，而且为西戎诸族所接纳，从而在陇右站稳了脚跟。因此，秦文化也深受西戎和北狄文化影响。在秦人早期青铜器和金器铸造中，虎、鹰题材及其形象与北方草原文化关系密切，显然是受到北方草原文化影响的结果。秦人青铜器器物及其形象、植物纹饰的传承演变，还有西首墓、屈肢葬墓葬习俗等，则深受与之杂处的西戎文化的影响。秦文化中的善于养马、长于骑射、尚武彪悍以及器具形态、纹饰图案、兵器车马、生活习俗等，不可避免地吸收了不少西戎文化的因素，并构成秦文化极具个性风格的主要支撑。就此而言，人们一般所说的西首墓、洞室墓、屈肢葬等习俗，并非是秦人为戎族的标志，而是秦人"戎化"的反映，亦即在秦文化近源中深受西戎文化影响的结果。

有人认为,"秦文化应该是嬴姓氏族迁到陇东地区的这一支系列所创造的秦文化,可能包括东夷文化、甘青地区古文化、殷商文化、先周文化等。"① 这一观点无疑是正确的。根植于陕甘黄土高原过渡性地理环境和人文氛围这一独特文化生态之上的秦早期文化,兼取农耕、游牧两种文明之长,汇通三代文化,开放、包容、灵活、刚健,具有极强的可塑性,又富有生命活力。因此,它较周文化更具进取精神和刚健气质,它较西戎文化又更为丰富发达和稳定强势。秦人正是凭借这种文化优势及其强大势能,一举由西北小族一路壮大,进而一匡天下。西周的衰落和灭亡,西戎被逐出关中并被秦人所征服,春秋之际周、西戎与秦三方实力的消长变化,已经在实际较量中显示了秦文化的优势和力量。

### 5. 秦戎交融谱新篇

两周时期是中华民族历史上第一次民族大融合的时期,周、秦与西戎部族的互动交流与融合是其中最具典型意义的标志性事件。秦人在天水地区十四代三百多年的历史发展,始终是在与西戎交错杂居、互动交往中进行的。商末周初嬴秦首领率族西迁西垂,就是在其与西戎联姻的基础上才顺利实现的,中潏之父戎胥轩曾娶骊山氏之女为妻:

> 申侯乃言孝王曰:"昔我先郦山之女,为戎胥轩妻,生中潏,以亲故归周,保西垂,西垂以其故和睦。今我复与大骆妻,生適子成。申骆重婚,西戎皆服,所以为王。王其图之。"

---

① 汪勃、尹夏青《嬴秦族西迁对秦文化形成的作用》,《文博》1993 年第 5 期。

可见，在中潏至大骆、非子前后八代秦人约200年时间里，秦与西戎因联姻关系而和睦共处，秦人也在与西戎的友好交往中站稳脚跟，致力发展，为秦人兴起奠定了基础。

随着西戎势力日益强盛和西周王朝开始衰败，西戎与周室的关系恶化以至相互攻伐。与此同时，秦戎关系也由和睦相处转为交相攻伐。秦仲在位时，周厉王无道，导致诸侯相叛。西戎发兵灭犬丘大骆之族。周宣王即位后，以秦仲为大夫，命其诛西戎。结果伐戎失败，西戎反而杀了秦仲。这表明，当时双方的力量西戎仍然占据优势。约在二十年后，周宣王又命秦仲被之子庄公伐戎，获得全胜。此后，世父伐戎失利，襄公时西戎灭周，襄公救周并护送周平王东迁洛邑，被封为诸侯，又伐戎至岐。秦人也是在攻伐西戎的过程中逐步强大并多次取得伐戎的胜利，进而得到周人的认可和封赏，促进了自身发展并跻身诸侯。

纵观西周时期秦与西戎的关系，在后期从周厉王时起，结束了二百余年的和平相处，进入相互攻伐阶段。进入春秋时期约300年间，秦戎关系的演化可分为两个阶段，前一阶段从襄公至穆公时期，约经历九君160年，尽管襄公还曾将其妹穆嬴嫁与丰戎首领，但秦戎关系仍是以战为主，前后发生战事十多次。如果说在襄公时秦戎交战已实力相当的话，则此后，秦人势力开始强于西戎，故对西戎的征伐基本

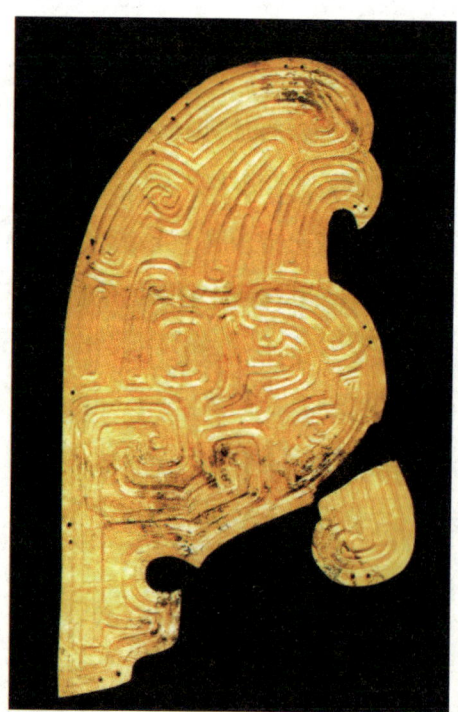

礼县大堡子山秦公墓出土鸷鸟形金饰片

都取得胜利。典型事件如秦武公十年（前688年），"伐邽、冀戎，初县之。"穆公三十七年（前623年）"秦用由余谋伐戎王，益国十二，开地千里，遂霸西戎。"周天子遣使致贺，秦国成为春秋五霸之一。此后，西

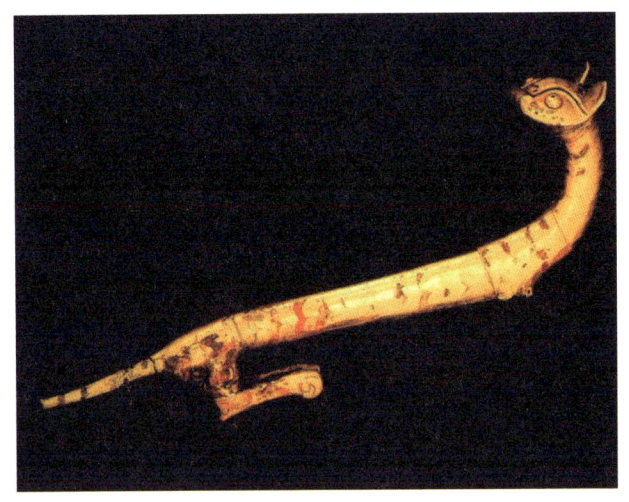

礼县大堡子山秦公墓出土金虎

戎已无力发起对秦人的攻伐，反而是秦人逐渐征服西戎各部，最终以秦昭襄王三十五年（前272年）攻灭实力最强的义渠戎为标志，西戎部族悉被征服而融入华夏民族。

由此可见，秦戎之间的交战和攻伐，实际是一种特殊的交往方式，通过攻战征服，加速了对西戎的同化和民族融合。双方在和与战的交替过程中，交往不断密切，了解日益加深，彼此相互依存，你中有我，我中有你，文化交融与民族融合也随之悄然推进，这为秦人征服西戎后其部族主体与华夏族的融合奠定了基础。除了战争与征服催生民族融合之外，在和平时期，秦与西戎在联姻通婚、经济往来、文化交流的过程中，进一步推动和深化了彼此的互补和依存关系，加速了民族融合的进程。而且也奠定了秦人一统天下的民族基础和文化优势。

# 结语：甘肃远古文化与中华文明

## 结语：甘肃远古文化与中华文明

在中华文明的多元起源中，甘肃所在的泾渭上游和甘青高原地区占有重要地位。从陇东华池县赵家岔、辛家沟和泾川大岭上旧石器时代早期石器的出土，到旧石器时代中期，夏河丹尼索瓦人的发现，再到晚期平凉人、庄浪人和武山人的存在，显示甘肃地区与中原地区一样，是我国境内最早就有人类活动和文化创造的地区之一。

甘肃自有了人类活动，就开始了甘肃远古文化的创造。进入新石器时代，我国远古文化开始了由多元呈现到一体汇聚的文明进程。在甘肃地区新石器时代至先秦时期的文化遗存，主要有新石器时代早期即前仰韶时代的大地湾文化、西山坪一期和师赵村一期文化；中期的大地湾二至四期文化，晚期的马家窑文化和齐家文化；青铜时代的四坝、沙井、辛店、寺洼文化和周秦早期文化等。以这些文化遗存为载体的甘肃古文化，构成了大地湾一期文化—师赵村一期—仰韶时代文化—马家窑文化—齐家文化—青铜文化这一完整的甘肃古文化发展序列，并形成了内涵丰富、文明要素异彩纷呈的陇上远古文化发展格局。特别是在农业文化、彩陶文化、早期文字与艺术、青铜文化、建筑文化、玉文化、原始宗教与祭祀文化、多元文化交流与文明交融、城市起源与早期古国等诸多方面，为探究和揭示中华文明起源提供了新资料、新证据和新线索。因此，甘肃远古文化在中华文明起源和中华文化发展史上占有极为重要的地位，这集中体现在以下六个方面。

第一，甘肃地区是中华文明的重要发祥地之一。在甘肃东部距今8200—6900年间的天水大地湾一期、师赵村一期遗存，是与长江流域的彭头山、河姆渡，辽西的兴隆洼，华北平原的磁山、裴李岗，山东的后李文化时代相同的新石器时代早期文化，它们共同引燃了中华文明的最初火花。其中，大地湾一期和师赵村一期文化不仅与关中老官台，黄河中下游磁山、裴李岗等文化共同孕育了黄河流域辉煌灿烂的仰韶文化；而且，大地湾一期遗存表明，人们已经过上了农业定居生活，遗存中黍标本、彩陶实物和刻划符号的发现，被认为是中国最早的旱作农业标本、最早的彩陶和最早的文字雏形。

文字、城市、青铜器和大型礼仪祭祀中心的出现，被认为文明形成的主要标志。仰韶文化时代，甘肃境内的大地湾二至四期、师赵村二三期文化与我国东部红山文化、良渚文化等同期。大地湾四期文化不仅出现中国最早的"混凝土"地面和地画；而且以面积达420平方米的F901大房子为代表的三座大房子，是中国最早的宫殿式建筑。F901门前两排木柱可能是氏族部落的图腾柱，柱前的六块青石板以及火塘，可能就是牺牲献祭的设施；大型建筑内出土了象征父权的鼎、权杖头、陶祖等礼器。祖先崇拜的产生，聚落的迅速扩大和大型宫殿建筑、礼仪中心的出现被看作是"城市革命的前奏曲"，是最初的"城乡分野"。意味着5000多年前，渭河上游已经进入巫政结合孕育国家、城市和文明的前夜。

马家窑文化是仰韶文化影响下由土著文化发展起来的具有地方特色的文化类型。其文化不仅以绚丽多彩的彩陶文化发达和雕塑艺术高超而闻名遐迩；而且，东乡林家遗址曾出土一把青铜刀，被誉为"中华第一刀"，将我国使用青铜器的时间提早到距今5000年。大地湾五期即常山下层文化和马家窑文化双重影响而产生的齐家文化,被认为是足以同中原龙山文化东西对峙的强大"王国";而且与夏文化有密切关系。它以特色鲜明的陶器体系、率先于中原而掌握的冶金术和自成一体的玉文化体系为主要特征。出土于齐家遗址的金耳环是我国最早的金器,而不少青铜工具和装饰品以及中国最早的铜镜的发现,表明甘肃地区是中国青铜器的重要发祥地,中国青铜时代由此开启。齐家文化时期贫富分化和殉人现象已经出现,社会分裂为部落—氏族—父权家族三级,甚至可能出现一夫一妻制家庭;社会分离出父权家长、巫师阶层、制铜业和制陶业世袭家族。表明齐家文化时期甘青地区已经跨入阶级社会的门槛,谱写了西北地区文明史的第一乐章。

青铜时代的甘肃地区在齐家文化之后,依次或并行出现了西部的四坝文化、沙井文化,中东部的辛店文化、寺洼文化和东部的周、秦早期文化。它们作为氐羌、西戎文化和周、秦早期文化的源头,对奠定、扩展、丰富和促进华夏古典文明的繁荣发展具有不可或缺的作用。

第二,甘肃地区是中国原始旱作农业的重要起源地。在大地湾早期文化遗存中黍、粟的发现,西山坪大地湾一期文化层中国最早的家鸡遗骨的出土,表明当地农牧业起源甚早。马家窑文化林家遗址中大麻籽和多达1.8立方米的黍等粮食作物的出土,为"新石器考古史上所罕见。"西山坪马家窑文化层不仅出土了精确年代在5000年前的我国新石器时代位置最西的稻作遗迹,而且发现了在距今4650—4300年期间种植有粟、黍、小麦、燕麦、水稻、大豆、青稞、荞麦等8种农作物。这种作物组合囊括了东亚与西亚两个农业起源中心的重要类型,是中国最早的农业多样化生产基地;人们公认最早驯化麦类作物的是西亚居民,则4600年前后西亚小麦与燕麦的传入,反映了东亚和西亚两个原始农业文明中心之间很早就开始了文化交流。

在大地湾和师赵村、西山坪遗址中,不仅有我国最早饲养家鸡的遗存,也有猪、狗、牛、羊和少量马骨的出土,而且,家畜骨骼出土的数量也呈现由仰韶时期的少量到马家窑、齐家文化时期明显增多的趋向,马家窑文化林家遗址猪、狗、牛、羊骨骼的出土也表明家畜饲养业及其种类超过了仰韶文化。

由此可见,在中国原始农牧业起源中,甘肃地区以农牧业起源甚早、五谷齐全、六畜咸备而成为中国最早的农业多样化生产基地,也是东、西亚农业文明的交流中心和扩散辐射的源地。

第三,甘肃地区是民族融合的舞台和多元文化的化合区。从大地湾文化到青铜时代诸文化,甘肃地区线索清晰、传承有序的史前文化,也可以称之为黄河上游文化区。它与黄河中下游中原地区的古文化既相互交流影响,又独立发展,并在本土化发展过程中,在马家窑文化时期,孕育并形成了羌戎部族,也可称之为西羌集团。西羌集团其及其西羌文化,与黄河中下游的炎黄文化、东夷文化同时并存。

马家窑文化之后,甘肃地区继之而起的齐家文化以及后续同时并存又交错发展的四坝文化、沙井文化、辛店文化、寺洼文化当是氐羌和西戎部族及其不同分支的文化。它们是相当于中原尧舜禹时代至西周春秋时代甘肃地区的主要文化类型。其中,河西走廊地区的四坝文化为古代羌族的一支。兰州、武威、金昌一带的沙井文化其族属为月氏或乌孙。甘肃中、东部地区的辛店文化属羌族或戎族文化。寺洼文化与辛店文化东西并存又有交错,主要分布于甘肃中、南、东部地区,其文化主人是从江汉西迁而来的三苗等为主,融合了洮河一带部分土著羌戎而出现的一个新部族,其迁入平凉一带后以犬戎著称,再后来又被称为猃狁,而留在陇南一带的就是后来的氐族。这些民族及其文化不仅互相交错交流,而且与并起于甘肃东部的华夏周秦文化联系密切，交流频繁，相互影响。如秦人在天水地区兴起并创造秦文化的过程，也是一个广泛吸纳西戎文化又不断融合征服戎狄部众的典型例证。

甘肃地区史前这种多类型文化、多民族交错的格局，既是当地多样的自然条件使然，也与周边多元民族与文化的交互作用密切相关。因此，这里就成为多民族杂居交错区和多元文化并存区，正是在北方草原文化、青藏羌戎文化、新疆西域文化乃至域外文化不断地交互影响和介入中，甘肃地区成为民族融合的重要舞台和多元文化交融的化合区。多元民族与文化的汇聚融合，为中华民族复兴发展和中华文化繁荣创新，源源不断输入新鲜养料。所以，甘肃地区是中华民族与文化生生不息壮大发展的营养池和基因库。

第四，甘肃地区是中西交通与文化交流的枢纽区。甘肃地区不仅是中原农耕文化、北方草原文化和西北游牧文化三方文化汇聚和中转之区，多元文化在此交汇扩散；而且，甘肃地区始终也是中国与西方世界商贸往来和文化交流的重要通道。前述距今5000—4000年间东西亚之间的农业文化交流，彩陶西传，马家窑文化时期出现的铜器铸造和石刃骨刀的使用，齐家文化时期冶铜业的形成，铜镜的出现，还有特殊玉器的使用，都与西域、中亚和欧亚草原地区存在着相互交流和影响。战国晚期的张家川马家塬、秦安王家洼西戎墓地出土文物表明，其内涵不仅包括西戎文化，而且还有中原周文化、秦文化、北方草原文化和西方文化等多种因素。可见，这里是东西方文化交流汇聚的枢纽区，为早期中西文化交流发挥了桥梁纽带作用。

甘肃界处中原与西域，北方草原与青藏高原的结合部，是连接中外，沟通南北的重要通道，也是隔绝各方的屏障与枢纽所在。丝绸之路纵贯甘肃全境，早在丝路形成之前，甘肃先民即依托这种通道功能既创造了堪称发达的古文化，又在促进中外联系和密切文化交流的过程中不断获得新的机遇。所以，季羡林说："在过去几千年的历史中，世界各民族共同创造了许多文化体系。依我的看法，共有四大文化体系：中国文化体系、印度文化体系、阿拉伯穆斯林文化体系、西方文化体系。而这四个文化体系汇流的地方只有一个，这就是中国的敦煌和新疆地区。"因此，四大文化体系或中外两大文明的彼此沟通、相互交流、渗透，以及汇流交融，甘肃地区无疑发挥着重要的桥梁纽带作用。

第五，甘肃地区是中华始祖文化的富集区。苏秉琦先生明确提出要重建中国古史的远古时代，认为中华民族具有"超百万年的文化根系，上万年的文明起步，五千年的古国，两千年的中华一统实体。"[①] 所谓中国古史的远古时代，就是指夏商周上古时代以前的中国早期历史阶段，即中国古史传说的三皇五帝时代，这个时代正是中华文明的萌芽时期。伏羲、女娲位列三皇，伏羲更是居三皇之首，百王之先，在汉代被列为"上上圣人"。女娲作为三皇五帝中唯一的女性首领，与伏羲一样是中华民族的创世者、始祖母和高禖之神。伏羲、女娲大致处于远古时代由母系氏族社会迈入父系氏族社会的阶段，其发明创造和文化贡献，引领中华先民告别蒙昧洪荒，是开启中华文明序幕的人文始祖和文化英雄。轩辕黄帝位居五帝之首，是炎黄时代的开创者和华夏民族的人文初祖，其所代表的发明创造、文化成就和社会生态，标志着中华先民已经开始进入文明时代。在上古传说和神话人物中，西王母可以说是个跨界人物，而实际上她应该是自黄帝时代以来长期、多代传承这一名号的西北羌戎部族女首领的统称，是羌戎部族与炎黄部族交流融合、中原与域外文化传播交流发挥中介作用的象征符号。如此之多不同阶段的中华人文始祖和文化英雄出自甘肃，同考古发掘一样，

---

① 苏秉琦《中国文明起源新探》，三联书店1999年版，第176页。

证明甘肃地区是多元文化和早期文明生成的肥土沃壤和理想之区，是中华文明重要的多元孕育地之一，是中华文明曙光最早闪现之地，也是中华文明重要的发源地。在多元一体中华文明、中华民族的孕育形成过程中，甘肃发挥了重要作用。

由此可见，甘肃远古文化从旧石器时代肇其端，新石器时代以大地湾一期文化至大地湾晚期文化为代表，已经露出文明的曙光；马家窑文化时期农业多样化与发达的彩陶技术为文明时代的到来奠定了物质基础；齐家文化时期甘肃已经迈入文明社会。齐家文化之后以氐羌为主体的西戎诸部和早期周秦部族，共同开创了多民族交错和多元文化汇聚的文化发展格局。远古甘肃及其先民，在开发祖国西北，开启中西文化交流，孕育华夏民族与文明，促进中华文化发展和传承创新等方面，无疑具有汇流区和策源地的重要地位。

第六，甘肃地区是周秦早期文化的起源地。史载周人先祖不窋"自窜于戎狄之间"，至公刘时迁于豳（今庆阳宁县），再到古公亶父始南迁岐下，在今甘肃陇东地区历经十二世之久。周人定居陇东期间，周不窋在此教民稼穑、鞠陶、公刘"复修后稷之业"，发展农业生产，"立法定制，以垂永久"，故"周道之兴自此始"。则陇东地区是周人和周文化的重要发祥地。而且，周人发达的礼乐文明和农耕文化传统，亦奠基于陇东地区。

商末时，秦人先祖中潏弃商归周，并率族西迁来到天水"在西戎，保西垂"。接着，在周初周公东征时，又将东方曲阜一带的部分嬴姓族民西迁至"朱圉"即今甘谷一带。从中潏开始至秦文公，有十四代秦人在天水渭河流域和西汉水上游地区定居、发展并建立诸侯国家，并立足自身传统，积极接受中原文化，又广泛吸收西戎、北狄和域外文化，形成了以农牧并举、华戎交汇为特征的秦早期文化。其所具有的粗犷、豁达、进取、剽悍的风格与尚武、重利、坚忍、质朴的民族性格，成为秦人发展和最终统一中国，建立中央集权制度的重要文化基因，并对此后汉文化的发展和中国传统文化产生了深远而持久的影响。

在中国历史上，周秦之际正当千年未有之大变局的节点，集三代文明之大成，代表古典文化最高成就的周王朝，与结束列国争霸、一统中华，完成民族与文化整合，实现社会转型的秦王朝，其文明与文化的肇启，俱与其始兴之地甘肃密切关联。

综上所论，甘肃远古文化在文字、彩陶、原始农牧业、冶金术、玉器、宫殿建筑、绘画、混凝土等多方面取得的文明成就，以及早期古国的出现，多民族融合与文化交融，东西方早期文化交流与文明交汇，既丰富和拓展了中华文明起源的内涵，也为中华文明起源提供了独特而重要的佐证。而古典文明时代周人兴起于陇东，开创了以农耕文化和礼乐文明为特征的周文化；秦人崛起于天水，将中原农耕文化与西戎游牧文化有机结合，创造了以农牧并举、华戎交汇为特征的一种新型复合文化即秦文化。周文化代表了三代文明的最高成就，秦文化则在三代文明基础上，统摄农耕、游牧两种文明于一炉，荟萃中原与草原文化于一体，促进了民族融合与文化整合的历史步伐，从而奠定了中华民族与中华文化由多元走向一体的重要基础。

## 参考文献

左丘明：《左传》，中华书局 2007 年版。

（汉）司马迁：《史记》，中华书局 1981 年版。

（汉）班固：《汉书》，中华书局 1972 年版。

（宋）范晔：《后汉书》，中华书局 1980 年版。

（北魏）郦道元撰、陈桥驿校：《水经注》，杭州大学出版社 1199 年版。

（宋）罗泌：《路史》，文渊阁四库全书本。

（明）李贤等撰：《大明一统志》，三秦出版社 1990 年版。

（清）吴承权撰、刘绍军译：《纲鉴易知录》，中华书局 2016 版。

（清）马骕撰、刘晓东等点校：《绎史》，齐鲁书社 2001 年版。

（清）郭庆藩撰、王孝鱼点校：《庄子集释》，中华书局 2012 年版。

雒江生：《诗经通诂》，三秦出版社 1998 年版。

王明撰：《抱朴子内篇校释》，中华书局 1980 年版。

陈博文：《甘肃省》，商务印书馆 1926 年版。

闻一多:《闻一多全集》第一卷,三联书店1982年版。

闻一多:《神话与诗》,华东师范大学出版社1997年版。

吕思勉、童书业编:《古史辩》第七册,上海古籍出版社1982年版。

徐旭生:《中国古史的传说时代》,广西师范大型出版社2003年版。

张光直:《中国青铜时代》,三联书店1983年版。

刘起釪:《古史续辩》,中国社会科学出版社1991年版。

苏秉琦:《中国文明起源新探》,三联书店1999年版。

俞伟超:《先秦两汉考古学论集》,文物出版社1985年版。

李学勤:《失落的文明》,上海文艺出版社1997年版。

孙作云:《诗经与周代社会研究》,中华书局1966年版。

杨宽:《西周史》,上海人民出版社1999年版。

田继周:《先秦民族史》,四川民族出版社1996年版。

何光岳:《炎黄源流史》,江西教育出版社1992年版。

张岂之主编:《中国历史》先秦卷,高等教育出版社2001年版。

谢端琚:《甘青地区史前考古》,文物出版社2002年版。

杨东晨:《周公旦与西周礼治文明》,陕西人民出版社2010年版。

刘光华主编、祝中熹著:《甘肃通史》第1卷,甘肃人民出版社2009年版。

甘肃省文物考古研究所:《秦安大地湾新石器时代遗址发掘报告》,文物出版社2006年版。

郎树德、贾建威:《彩陶》,敦煌文艺出版社2004年版。

北京大学震旦古代文明研究中心编:《古代文明》第5卷,文物出版社2006年版。

中国社会科学院考古研究所编:《师赵村与西山坪》,中国大百科全书出版社1999年版。

霍想有主编:《伏羲文化》,中国社会出版社1994年版。

国家文物局主编:《中国文物地图集·甘肃分册》,测绘出版社 2011 年版。

范三畏:《旷古逸史——陇右神话与古史传说》,甘肃教育出版社 1999 年版。

西北师范大学古籍整理研究所 编:《甘肃古迹名胜辞典》,甘肃教育出版社 1992 年版。

水涛:《中国西北地区青铜时代考古论集》,科学出版社 2001 年版。

《周秦社会与文化研究》编委会编:《周秦社会与文化研究》,陕西师范大学出版社 2004 年版。

张建军:《诗经与周文化考论》,齐鲁书社 2004 年版。

刘治立主编:《庆阳通史》上卷,商务印书馆 2011 年版。

雍际春:《秦早期历史研究》,中国社会科学出版社 2017 年版。

雍际春、宰鹏旭:《条条道路走罗马:先秦秦汉时期的丝绸之路》,甘肃少儿出版社 2014 年版。

冯玉雷:《玉帛之路文化考察笔记》,上海科学技术文献出版社 2017 年版。

# 后　记

　　本书是甘肃省社科联项目"甘肃特色文化普及丛书"的一种，取名《羲皇故里——肇启文明的始祖文化》，旨在以甘肃远古文化和始祖文化为切入点，通过其丰富内容和多彩成就的介绍，为广大读者透过甘肃这一区域视角，深化对久远发达的中华文明的认识，全面提升对绵延博广的中华传统文化内在价值与重大意义的感悟，提供新线索、新材料和新佐证。同时，也为读者从文明与文化角度，进一步了解甘肃、认识甘肃、走进甘肃和热爱甘肃，提供丰富素材和鲜活资料。

　　中华文明源远流长，中华文化博大精深。中华文明的孕育、起源和形成，是中华先民在新石器时代数千年间不懈探索天地自然奥秘，不断适应生存环境和改善生活条件而在物质与精神方面非凡创造的智慧结晶。在中华大地上，中华文明从最初的火花闪现到文明的形成，也经历了从满天星斗到汇聚为几大区域文明集团，再由几大集团聚合于中原，形成多元一体文明实体的演进过程。根植于中华文明的中华传统文化，是哺育和塑造中华民族生生不息、枝繁叶茂和发展壮大的精神家园与文明基因。在中华文明与传统文化的早期生成和传承发展中，甘肃都曾发挥过独特而重要的作用。

本书写作于2020年春节前后的抗疫期间。新冠肺炎疫情的突发，是对人类生命与文明的空前威胁和挑战。在全民防疫抗疫这段特殊的日子里，一边居家防疫，关注疫情动向和抗疫进展，一边查阅资料，披沙拣金，梳理甘肃远古文化与中华文明肇启的脉络。这一写作过程，仿佛置身于古今交织的时空转换之中，反复进行着历史与现实，文明与文化，科学与愚昧，人性与生命的对话和叩问，别有一番滋味在心头。面对来势汹汹的病毒肆虐，仁者医生、白衣天使、党员干部和军人担当奉献于抗疫前线，各行各业职工和14亿中国人民自觉自律坚守岗位或居家抗疫，万众一心，众志成城，大爱无疆，汇聚成旷古未有的磅礴之力，展开并世罕有的抗疫阻击战，率先取得抗疫的决定性胜利。多难兴邦，浴火重生。中华民族和中国人民何以每每在重大灾难和生死存亡的关头，总是能够逢凶化吉、转危为机，战胜困难，走向民族复兴的新征程，原因固然很多，但五千年的文明积淀，长盛不衰的传统文化，始终是支撑和引领中华民族历经磨难而生生不息，百折不挠而崛起复兴的力量之源和民族之魂。例如以伏羲、黄帝为代表的中华人文始祖，带领中华先民开创并形成了穷究天地的探索精神，敢为人先的创造精神，自强不息的奋斗精神，刚柔相济的变通精神，包容求同的和合精神，厚德载物的道德精神，威武不屈的爱国精神，协和万邦的大同精神等，奠定了中华民族最根本、最主要的文明基石和人文价值体系，具有旺盛的生命力、向心力、凝聚力和极强的创造性、变通性和包容

## 后 记

性。这是我们民族和国家从远古一路走来,并不断走向繁荣富强的根基所在。甘肃远古文化及其文明成就,从一个侧面对此做出了完美的诠释。

"甘肃特色文化普及丛书"是一项立足新时代,为建设幸福美好新甘肃,实现富民兴陇新局面而启动的文化工程,意义重大。本书在编写过程中,得到甘肃省社科联领导和全体工作人员的大力支持;得到评审组汪受宽先生、李清凌先生、李宁民先生等专家的学术指导;也得到天水师范学院王文东教授、余粮才教授,天水市博物馆郑文玉,武山县博物馆裴应东,甘肃省轩辕文化研究会王亚峰等同事和朋友的关心支持,在此一并致以衷心的感谢!

雍际春

2020年6月8日